1x
kochen für
ALLE

JULIA RADTKE

1x kochen für ALLE

Eine Familie, ein Essen

Text und Fotografie: Julia Radtke

DK

Gemeinsam als Familie an einem Tisch zu sitzen, an dem alle mit Freude ihre Teller leeren, ist nicht nur ein schönes Gefühl, sondern macht das Leben auch so viel einfacher.

Ich habe diese Philosophie der gemeinsamen Mahlzeiten schon verfolgt, als mein Sohn Flynn noch ein kleines Baby war, das gerade seine erste Beikost bekam. Mein Ofengemüse wurde kurzerhand in seinen Brei umgewandelt. Ich hatte dadurch keinen Mehraufwand und gleichzeitig das beruhigende Wissen, dass er alles bekommt, was sein Körper benötigt – auch ohne fertig gekaufte Gläschen.

Doch für seine Familie zu kochen und dabei immer alle glücklich zu machen, kann eine echte Herausforderung sein. Verschiedene Bedürfnisse unterschiedlicher Altersgruppen und die Vorlieben jedes Einzelnen zu beachten, ist alles andere als einfach.

Mit diesem Buch möchte ich Ihnen ein paar Ideen an die Hand geben, wie man mit nur einem Essen alle glücklich machen kann. Die Rezepte sind schnell und einfach zuzubereiten und lassen sich prima in den stressigen Alltag einbauen. Sie kommen ohne lange, komplizierte Zutatenlisten aus und die meisten Dinge hat man vielleicht sowieso schon in seinem Vorratsschrank oder kann sie problemlos im Supermarkt und/oder Bioladen kaufen.

Probieren Sie aus, was Ihnen und Ihren Kindern schmeckt, und ganz wichtig: Binden Sie Ihre Kinder, wann immer es geht, in das Einkaufen und Kochen mit ein. Das erhöht ihre Bereitschaft, Neues zu probieren, und zudem lernen die wissenshungrigen Kleinen gleich eine ganze Menge über Lebensmittel und deren Zubereitung. Ich bin fest davon überzeugt, dass dies langfristig ein gesundes Ernährungsverhalten fördert.

Ich wünsche Ihnen und Ihren Lieben
einen guten Appetit!

JULIA RADTKE

Kochen & einkaufen mit Kindern

Kinder sollten in sämtliche Prozesse rund um das Thema Kochen miteinbezogen werden. Angefangen mit der Überlegung, was gekocht werden soll, über das Einkaufen, das gemeinsame Kochen bis hin zum Tischdecken.

Ich selbst habe einen kleinen Kritiker zu Hause sitzen, der nicht jedes Essen mit strahlenden Augen betrachtet. Nicht selten kommt es vor, dass zunächst die Nase gerümpft wird. Ich habe aber die Erfahrung gemacht, dass man die Neugierde, Neues zu probieren, wecken kann, wenn man sein Kind miteinbezieht. Selbst die Kleinsten können schon in der Küche helfen. Mit einem Buttermesser bewaffnet können sie schnippeln, Käse reiben, Teige kneten und, und, und. Es gibt reichlich Aufgaben, die auch schon die Kleinsten übernehmen können.

Zugegeben – das Einkaufen mit Kindern kann anstrengend sein und es geht häufig wesentlich schneller, seinen Wocheneinkauf alleine zu erledigen. Trotzdem bin ich der festen Überzeugung, dass es wichtig ist, seine Kinder mit in den Einkaufsprozess und die Planung der Gerichte, die man die Woche über kochen möchte, zu integrieren.

Das soll nicht heißen, seinen Kindern freie Wahl ohne Grenzen zu geben. Denn das kann natürlich auch überfordern. Besser als die Frage »Was wollen wir heute essen?«, auf die es eine Million Antworten geben kann, ist es, die Frage einzugrenzen. Zum Beispiel auf »Wollen wir den Brokkoli oder den Blumenkohl nehmen?«. So haben die Kinder das Gefühl, sich für etwas entschieden zu haben, gleichzeitig hat man sie schon in die richtige Richtung gelenkt. Zusammen kann man dann Pläne schmieden, was man aus der gemeinsamen »Beute« zu Hause kochen möchte.

Meine Top-3-Tipps

Planung: Wer sich erst im Supermarkt inspirieren lassen, aber zeitgleich seine Kinder im Auge behalten möchte, hat es schwer. Besser ist es, sich zu Hause gemeinsam Gedanken zu machen, eine Liste zu schreiben und diese abzuarbeiten.

Verantwortung abgeben: Wer ältere Kinder hat, kann diesen die Einkaufsliste übergeben. Sie dürfen dann abstreichen, was schon im Einkaufswagen gelandet ist, und kontrollieren, was noch gebraucht wird. Die Kids werden sich über diese Verantwortung freuen.

Helfende Hände: Seine Kinder die Lebensmittel auf das Band legen zu lassen, ist ein Spaßfaktor für die Kleinen. Kinder lieben es, mithelfen zu dürfen, und sind auf diese Weise in der Schlange auch beschäftigt. Sie können ebenso beim Bezahlen, Einpacken und Tragen helfen.

Wichtige Nährstoffe für Kinder

Bei der Ernährung seiner Kinder sollte man darauf achten, dass sie genügend Vitamine und Mineralstoffe bekommen. Einige der wichtigsten sind folgende:

Magnesium: Ist gut für die Muskeln, Knochen und Zähne (steckt zum Beispiel in Vollkornprodukten, Milchprodukten und Nüssen)

Kalzium: Ist gut für Knochen und Zähne (steckt zum Beispiel in Milchprodukten und Mandeln)

Vitamin A: Ist gut für das Wachstum der Knochen und zur Ausbildung der Sinne wie Hören und Sehen (steckt zum Beispiel in Milchprodukten, Möhren und Spinat)

Vitamin C: Ist wichtig für die körpereigene Abwehr (steckt zum Beispiel in Zitrusfrüchten und Beeren)

Eisen: Ist gut für starke Knochen und Muskeln und hält außerdem den Stoffwechsel im Gleichgewicht (steckt zum Beispiel in Fleisch und Hülsenfrüchten)

Mehr zu einzelnen Lebensmitteln und ihren Inhaltsstoffen finden Sie auf den folgenden Seiten.

Hinweis zu den Rezepten

Portionsgrößen: Da es ganz unterschiedlich sein kann, wie viele große und wie viele kleine Esser an einem Tisch sitzen und natürlich wie viel Hunger diese jeweils mitbringen, ist es schwierig, genaue Angaben darüber zu machen, für wie viele Personen ein Rezept ausreicht. Die angegebenen Portionsgrößen beziehen sich daher ganz klassisch auf erwachsene Esser mit mittelgroßem Hunger. Rezepte, die man auch zu Babybrei abwandeln kann, reichen entweder für eine Erwachsenen- und zwei Babybreiportionen oder für zwei Erwachsenenportionen.

Ofentemperatur: Soweit nicht anders angegeben, beziehen sich die Temperaturangaben für den Ofen auf Ober- und Unterhitze. Bei Umluft verringert sich die Temperatur um etwa 20 °C. Beachten Sie hierzu gegebenenfalls auch die Angaben des Herstellers.

Symbole

- vegetarisch
- vegan
- glutenfrei
- für Babys geeignet
- Fisch
- Huhn
- Schwein
- Rind

Der familienfreundliche Lebensmittelvorrat

Frisch

Obst & Gemüse

Wir haben immer eine Auswahl an Obst und Gemüse zu Hause. Mir ist dabei wichtig, diese Produkte möglichst regional und vor allem saisonal einzukaufen. Erstens schmecken die Obst- und Gemüsesorten dann wesentlich besser und zweitens sind sie weniger mit Schadstoffen belastet und damit gesünder.

Im Winter ist die Auswahl an Obst in unseren Breitengraden natürlich beschränkt, es gibt aber gute Lagerware. Wer seinen Obstbedarf nicht nur mit Äpfeln und Birnen decken möchte, der sollte beim Kauf von Südfrüchten auf ein Bio- oder Fairtrade-Label achten. Gemüse gibt es trotz der kalten Jahreszeit auch bei uns (siehe rechts).

regional & saisonal

Frühling

OBST

Rhabarber, Erdbeeren

GEMÜSE

Champignon, Spargel, Spinat, Blumenkohl

Sommer

OBST

Beeren (Blaubeeren, Himbeeren, Johannisbeeren ...), Kirschen, Pflaumen, Zwetschgen, Aprikosen, Äpfel, Birnen

GEMÜSE

Auberginen, Bohnen, Brokkoli, Möhren, Kartoffeln, Mais, Tomaten, Zucchini

Herbst

OBST

Äpfel, Birnen, Quitten, Zwetschgen

GEMÜSE

Auberginen, Blumenkohl, Brokkoli, Fenchel, Kartoffeln, Kürbis, Rote Bete, Pastinaken, Spinat

Winter

OBST

Äpfel und Birnen (als Lagerware)

GEMÜSE

Grünkohl, Kürbis, Pastinaken, Rosenkohl, Wirsingkohl

Milchprodukte

Auf klassische Vollmilch können wir durch die vielen tollen pflanzlichen Alternativen (s. S. 148/149) schon mal verzichten, mittlerweile schmecken uns diese fast besser. Aber etwas Joghurt und Käse habe ich immer zu Hause. Ein Stück Hartkäse oder etwas Joghurt mit frischem Obst sind schnelle und einfache Snacks für Zwischendurch und eine gute Proteinration für die Kleinen – wichtig für das Wachstum.

Milchprodukte sind außerdem wunderbare Kalzium- und Magnesiumlieferanten und gerade für die kindliche Ernährung sehr wichtig. Kalzium sorgt für starke Knochen und Magnesium ist gut für die Muskeln und Zähne. Kuhmilch enthält außerdem Vitamin A sowie eine Reihe an B-Vitaminen und wichtigen Fettsäuren.

Fleisch, Fisch & Meeresfrüchte

Es gibt bei uns auch mal Fleisch und Fisch, aber nicht täglich. In puncto Nährstoffe sind sie natürlich ausgezeichnete Proteinlieferanten, da tierisches Protein vom menschlichen Körper besonders gut verwertet werden kann. Das Gleiche gilt für das Eisen, das sie liefern, sowie für das Vitamin B_{12}, das überhaupt nur in tierischen Produkten vorkommt. Fisch ist eine gute Quelle für Jod und mit fettreichen Arten wie Lachs und Makrele auch für Omega-3-Fettsäuren.

Wurst – ein stark verarbeitetes Lebensmittel mit meist sehr hohem Fettgehalt – kommt bei uns fast gar nicht auf den Tisch. Wie bei allen tierischen Lebensmitteln rate ich dringend, nur auf Produkte in Bioqualität zurückzugreifen. Die Tiere werden besser gehalten, anders ernährt und das Risiko von Hormon- und Pestizidrückständen ist hierbei wesentlich geringer.

Auf Lager

Getreide

Haferflocken: Haferflocken enthalten viele Ballaststoffe, stabilisieren den Blutzuckerspiegel und sind reich an Proteinen und gesunden Fetten. Nicht nur deshalb gehören sie zu meiner absolut liebsten Frühstücksgrundlage. Ob als Granola oder Porridge, wir beginnen fast jeden Morgen mit Haferflocken.

Hirse: Dieses Getreide ist nicht nur unglaublich lecker, sondern steckt auch noch voller Mineralien und B-Vitaminen. Noch dazu ist es glutenfrei.

Quinoa: Quinoa ist aufgrund seines hohen Proteinanteils besonders wertvoll für Vegetarier und Veganer. Aber auch Nichtvegetarier lieben dieses glutenfreie und vielseitige Korn.

Amarant: Amarant ist eigentlich nur »Pseudogetreide«. Es ist glutenfrei und enthält wesentlich weniger Kohlenhydrate als richtiges Getreide. Die kleinen Körnchen zeichnen sich durch einen sehr hohen Eiweiß- und Ballaststoffanteil aus und lassen sich in der Küche vielfältig verarbeiten. Ich bevorzuge die gepuffte Variante und verwende sie zum Backen oder als Topping für Joghurt und Snacks.

Nüsse & Samen

Nüsse habe ich immer zu Hause! Pur sind sie nicht nur ein toller Snack und Energiespender für zwischendurch, sondern lassen sich auch in null Komma nichts zu tollen Rohkostdesserts (zum Beispiel Dattel-Karamell-Bites, s.S. 138) verwandeln, sind Bestandteil unseres morgendlichen Müslis und lassen sich ebenso schnell zu einer leckeren cremigen Milch oder zu Nussmus verarbeiten.

Mandeln: Genau genommen sind Mandeln keine Nüsse, sondern gehören zum Steinobst, aber sie enthalten ähnlich gute Inhaltsstoffe, darunter eine Menge Kalzium, das für starke Knochen und gesunde Zähne sorgt. Außerdem sind sie reich an Vitamin E.

Cashewkerne: Diese kleinen Kerne haben ordentlich Power und machen glücklich – sie enthalten nämlich den Stoff Tryptophan, der von unserem Körper wiederum in Serotonin umgewandelt wird, sprich in Glückshormone! Doch auch der feine nussig-buttrige Geschmack und die zarte Konsistenz dieser Kerne sind echte Pluspunkte.

Sonnenblumen- und Kürbiskerne: Ich verwende sie in Granola, Müsliriegeln oder als Topping für Salate, um ihnen eine Extraportion Biss zu verpassen. Und gesund sind sie noch dazu. Mit ihren vielen Vitaminen, Mineralstoffen und Proteinen machen sie uns sozusagen von innen heraus schön.

Hanf- und Chiasamen: Beides streue ich am Morgen einfach über Müsli oder Joghurt und mixe sie in die bunten Smoothies. Sie sind geschmacklich neutral und lassen sich deshalb wunderbar mit allem kombinieren, um mit einer Extradosis Proteinen, Kalzium, Ballaststoffen und Omega-3-Fettsäuren in den Tag zu starten.

Trockenfrüchte

Medjool-Datteln: Bevor ich diese Dattelsorte kennengelernt habe, konnte ich mit Datteln nicht sonderlich viel anfangen. Aber die großen und aromatischen Medjool-Datteln sind ein Traum! Aus ihnen lassen sich superleckere Snacks kreieren, sie sind Grundlage unserer heiß geliebten Energy Balls und eignen sich auch zum Süßen von Smoothies hervorragend.

Gojibeeren: Diese kleinen roten Beeren kann man aus vollem Herzen in die Riege der Superfoods einordnen. In ihnen steckt viel mehr Eisen als in Spinat, sie enthalten beinahe alle Vitamine (A, B, C, E) und reichlich Spurenelemente. Ich trinke sie in Smoothies, benutze sie als Topping für Joghurt und Porridge, oder snacke sie einfach pur zwischendurch.

Cranberrys: An diesen Powerfrüchten liebe ich am meisten ihren süß-säuerlichen Geschmack. In Müsliriegeln, Cookies oder einfach zum Naschen zwischendurch sind sie perfekt. Und ganz nebenbei schenken sie uns eine volle Ladung an Antioxidantien.

Süßungsmittel

Ahornsirup: Ich liebe den leicht karamelligen Geschmack, den Ahornsirup jedem Gericht verleiht. Er ist perfekt als Topping für Pancakes, Joghurt oder Porridge. Beim Kauf sollte man aber immer darauf achten, zu reinem Ahornsirup zu greifen. Nicht selten sind nämlich unerwünschte Süß- und Zusatzstoffe darin zu finden.

Muscovadozucker: Ich habe bisher noch keinen Zucker gefunden, der einen solchen Karamellgeschmack mit sich bringt und sich zudem so leicht auflöst – besonders in Verbindung mit Schokolade, wie zum Beispiel bei Cookies schmeckt er super.

Kokosblütenzucker: Eine gesündere Alternative zum Muscovadozucker ist der Kokosblütenzucker. Er hat ebenfalls eine leichte Karamellnote und ist besonders für seinen niedrigen glykämischen Index bekannt. Der Blutzuckerspiegel steigt mit diesem Zucker langsamer an und ist deshalb auch für Diabetiker geeignet.

Honig: Honig ist perfekt zum Süßen von Getränken und auch zum Backen gut geeignet. Vorsichtig sollte man damit bei Kindern unter zwölf Monaten sein – für diese ist Honig strengstens verboten! Der Grund ist ein Bakterium, gegen das sich der noch nicht ausgereifte Babykörper nicht wehren kann.

Fette

Olivenöl: Ich investiere immer gerne in eine gute Flasche Olivenöl aus biologischem Anbau. Geschmacklich gibt es nämlich meilenweite Unterschiede. Ich benutze es zum Kochen, für Salatdressings und auch um Speisen nochmals zu verfeinern, indem ich zum Schluss etwas von dem cremigen Öl über das fertige Essen träufle.

Butterschmalz: Butterschmalz kann sehr hoch erhitzt werden, ohne zu verbrennen, und eignet sich deshalb beispielsweise zum scharfen Anbraten von Fleisch. Außerdem verleiht es den Speisen einen feinen Buttergeschmack. Wer darauf keinen Wert legt, kann alternativ Pflanzenöl verwenden.

Kokosöl: Kokosöl gehört zu meinen absoluten Lieblingsfetten. Es ist so vielseitig einsetzbar: Ich benutze es zum Braten, Backen oder in Smoothies und selbst für die Gesichts- und Haarpflege ist es toll. Außerdem wird Kokosöl nachgesagt, das Immunsystem zu stärken und bei der Abwehr von Bakterien und Viren zu unterstützen.

Sonstiges

Kakao: Unbehandeltes, rohes Kakaopulver enthält reichlich Magnesium, außerdem stecken viele Antioxidantien in der rohen Kakaobohne. Diese sorgen unter anderem für eine Senkung des Cholesterinspiegels und sollen sogar das Risiko von Schlaganfällen sowie das Wachstum einiger Krebsarten verringern. Ich streue zu gerne ein paar Kakaonibs über Pancakes, Porridge und Joghurt. Rohes Kakaopulver verarbeite ich in meinen Energy Balls.

Macapulver: Ein Löffelchen Macapulver in Smoothies oder Joghurt gerührt, verleiht Extraenergie für den Tag. Die Macaknolle hat neben ihrer belebenden Wirkung die Fähigkeit, den Cholesterinspiegel zu senken und die Verdauung zu regulieren.

Equipment

Im Laufe der Jahre habe ich gemerkt, was für mich in der Küche wichtig ist und auf welche Gerätschaften ich eher verzichten kann. Im Folgenden gebe ich Ihnen einen kleinen Überblick, mit welchen Helfern meine Rezepte am besten funktionieren:

Küchenmaschine: Eine Küchenmaschine (oder auch Food Processor) ist ideal für alles, was man zerkleinern möchte, ohne dass man dem Rezept Flüssigkeit zufügen muss. Für die Zubereitung von Energy Balls, Pesto oder Hummus zum Beispiel ist sie der perfekte Begleiter.

Standmixer: Auf einen leistungsstarken Standmixer möchte ich in meiner Küche nicht mehr verzichten und ich empfehle jedem, in ein gutes Modell zu investieren. Das lohnt sich wirklich: Er macht die Zubereitung von Smoothies und Nussmilch zu einem Kinderspiel.

Stabmixer: Unverzichtbar für die einfache Zubereitung von Suppen und Babybrei. Funktionstüchtige Modelle sind schon für kleines Geld zu haben und gehören in jede Küche.

Spiralizer: Mit einem Spiralizer kann man supereinfach Gemüse wie zum Beispiel Zucchini oder sogar Süßkartoffeln in Pasta verwandeln – zumindest optisch werden lange Spaghetti daraus, die nicht nur Erwachsenen schmecken.

Basics: Natürlich sollte in jeder Küche eine Standardausrüstung aus 2–3 Kochtöpfen, einer guten Pfanne, Kochlöffeln, einem kleinen und großen hochwertigen Messer, Schneidebrettern, einer Reibe sowie Back- und Auflaufformen in unterschiedlichen Größen vorhanden sein. Zum praktischen Aufbewahren von Resten empfehle ich eine Kollektion an großen und kleinen luftdichten Gefäßen. Für die Zubereitung meiner Rezepte ist außerdem eine Küchenwaage wichtig.

Frühstück

Ob Porridge, Granola, Oats oder Avocadobrot – mit dem richtigen Frühstück legen wir den Grundstein für einen energiereichen Tag.

Selbst gemachter Obstjoghurt

Für 2 Portionen

300 g Joghurt
2 TL Honig
½ TL gemahlener Zimt
2 Handvoll Obst nach Wunsch, ich mag am liebsten: Johannisbeeren, Himbeeren, Blaubeeren, Erdbeeren, Kirschen, Pflaumen, Nektarinen, Banane
Toppings nach Wunsch, z. B. Kakaonibs, Granola (s. S. 20), Nüsse, Kerne, Hanfsamen, Chiasamen

Zubereitungszeit
5 Minuten

Ich habe schon seit Jahren keinen fertigen Obstjoghurt mehr gekauft. Nicht nur, dass selbst gemischter Joghurt einfach viel besser schmeckt, es macht noch dazu Spaß und ist wesentlich gesünder, sich seinen ganz eigenen Joghurt zusammenzustellen, der ohne raffinierten Zucker oder dergleichen auskommt.

1

Den Joghurt in einer Schüssel mit Honig und Zimt verrühren.

2

Das Obst waschen, putzen und, wenn nötig, klein schneiden.

3

Den Joghurt anschließend in Schalen verteilen und ganz nach Lust und Laune mit Lieblingsobst sowie Toppings nach Wahl bestreuen. Achtung, mit Granola als Topping ist der Joghurt eventuell nicht mehr glutenfrei, denn Haferflocken können geringe Mengen Gluten enthalten.

Tipp

Wer ein Kind zu Hause hat, das nicht gerade zu den größten Obstfans gehört, kann die Früchte auch ganz einfach pürieren und unter den Joghurt rühren. So lassen sich ein paar Vitamine und Nährstoffe ins Frühstück »schmuggeln«.

Schoko-Nuss-Granola

Für 1 großes Glas (400 g)

70 g Pekannusskerne
100 g Haselnüsse
200 g Haferflocken
50 g Sonnenblumenkerne
1 TL gemahlener Zimt
2 gehäufte EL Kokosöl
2 EL Ahornsirup
40 g weiße Schokolade

Zum Servieren
Joghurt und Obst nach Wunsch

Zubereitungszeit
10 Minuten,
plus 20 Minuten Backen

Eines ist sicher: Wer einmal angefangen hat, sein eigenes Granola zuzubereiten, wird nie wieder ein Müsli aus dem Supermarkt essen. Flynn liebt diese Version – vor allem wegen der Schokostückchen!

1
Den Backofen auf 160 °C (Umluft) vorheizen. Pekannusskerne und Haselnüsse grob hacken.

2
Nüsse, Haferflocken, Sonnenblumenkerne und Zimt in eine Schüssel geben und gut mischen.

3
Das Öl in einem kleinen Topf schmelzen und mit dem Ahornsirup zu der Müslimischung geben. Alles gut verrühren, sodass die Zutaten gleichmäßig mit Ahornsirup und Öl überzogen sind.

4
Ein Backblech mit Backpapier auslegen, das Granola gleichmäßig darauf verteilen und im Ofen etwa 20 Minuten rösten. Zwischendurch mehrmals umrühren, damit nichts anbrennt. Das fertige Granola gut abkühlen lassen.

5
In der Zwischenzeit die Schokolade fein hacken, dann unter das abgekühlte Granola mischen. Mit Joghurt und Obst servieren.

Tipp

Das Granola eignet sich auch richtig gut als gesundes Topping für Eis und Co. – wer braucht da noch zuckrige Streusel?

Porridge mit Butterbirnen

Tipp

Der Brei hält sich im Kühlschrank etwa zwei Tage. Selbstverständlich können Sie beim Obst auch abwechseln, wenn ihr Baby andere Früchte lieber mag.

Für 2–3 Portionen

2 große Birnen
1 TL Butter
100 g feinblättrige Haferflocken
1 Msp. gemahlener Zimt (nach Belieben)
1 EL Mandelmus
1 Msp. gemahlene Vanille (nach Belieben)

Zubereitungszeit
10 Minuten

1
Die Birnen schälen, das Kerngehäuse entfernen und das Fruchtfleisch in Würfel schneiden.

2
Die Butter in einer Pfanne erhitzen und die Birnenwürfel dazugeben, für 2 Minuten in der Pfanne schwenken. Die Haferflocken und nach Belieben den Zimt dazugeben und alles einmal gut durchmischen.

3
Mit 300 ml Wasser ablöschen und das Ganze für 3 Minuten leicht köcheln lassen.

4
Für den Babybrei: Etwa die Hälfte der Masse abnehmen und mit einem Stabmixer pürieren.

5
Den Porridge in Schalen verteilen und mit Mandelmus und nach Belieben gemahlener Vanille servieren.

Kokos-Porridge mit Banane und Schokolade

Für 2 Portionen

100 g Haferflocken
200 ml Kokosmilch
2 TL Kokosblütenzucker
1 Banane
25 g Zartbitterschokolade

Zubereitungszeit
10 Minuten

An einem kalten Wintermorgen finde ich nichts schöner, als den Tag mit einem warmen Frühstück zu beginnen. Das wärmt von innen heraus und ist leichter zu verdauen als ein dickes Käsebrot. Dieser Porridge ist außerdem herrlich cremig und kann mit seinen Schokostückchen sogar Kinder für sich begeistern.

1
Die Haferflocken mit 200 ml Wasser, Kokosmilch und Kokosblütenzucker in einen Topf geben, aufkochen und bei schwacher Hitze 1–2 Minuten leicht köcheln lassen.

2
In der Zwischenzeit die Banane schälen, in Scheiben schneiden und die Schokolade grob hacken.

3
Den fertigen Porridge in Schalen verteilen und mit Bananenscheiben und Schokoladenstücken garnieren.

Tipp

Ich nehme in diesem Fall Kokosblütenzucker. Der ist nicht zu süß und schmeckt leicht karamellig. Die enthaltene Banane steuert aber auch schon Süße bei – probieren Sie doch mal aus, ob Sie den Zucker vielleicht ganz weglassen können.

Overnight Oats

Für 2 Portionen

100 g Haferflocken
180 g Joghurt
220 ml Milch
(Kuh- oder Pflanzenmilch, s. S. 148/149)
2 EL Chiasamen
3 EL Ahornsirup
1 Prise gemahlener Zimt

Zum Servieren
Obst, Nussmus (s. S. 144/145),
Ahornsirup (nach Belieben)

Zubereitungszeit
5 Minuten,
plus mindestens 4 Stunden Quellen

Wer, so wie ich morgens, häufig spät dran ist, der sollte unbedingt diese Overnight Oats im Kühlschrank haben. Am Abend vorbereiten und am Morgen nur schnell durchrühren, mit Lieblingsobst, Nussmus und Ahornsirup toppen – fertig ist ein gesunder Start in den Tag!

1
Alle Zutaten in einer Schüssel vermengen und mindestens 4 Stunden, besser über Nacht, im Kühlschrank quellen lassen.

2
Nach Belieben mit Obst, Nussmus und Ahornsirup servieren.

Tipp

Ich variiere hier gerne mit verschiedenen Obstsorten, um immer ausreichend unterschiedliche Vitamine abzubekommen – besonders gerne mag ich die Oats mit Johannisbeeren als Topping. Wenn ich das Frühstück mit zur Arbeit nehmen möchte, fülle ich es am Abend direkt in ein Schraubdeckelglas ab und morgens reicht ein Griff in den Kühlschrank! Man kann in diesem Fall übrigens auch tiefgekühltes Obst nehmen.

Ofen-Oatmeal

Für 1 ofenfeste Form (20 × 26 cm)

50 g Pekannusskerne
3 EL Kokosöl
160 g Haferflocken
1 TL gemahlener Zimt
1 TL Backpulver
1 Päckchen Vanillezucker
(oder 8 g selbst gemachter, s. S. 126)
80 ml Ahornsirup
400 ml Milch
2 Eier
1 Nektarine
100 g Blaubeeren
100 g Brombeeren

Zum Servieren

Joghurt und Ahornsirup
(nach Belieben)

Zubereitungszeit

20 Minuten,
plus 40 Minuten Backen

Ein paar Handgriffe und nach kurzer Zeit eine Riesenportion lecker duftendes Frühstück für die komplette Familie auf dem Tisch? Das geht ganz einfach mit meinem Ofen-Oatmeal. Es ist einer meiner Favourites an kalten Herbsttagen und perfekt, um eine hungrige Meute satt und glücklich zu machen.

1

Die Pekannüsse grob hacken und in einer Pfanne ohne Fett leicht anrösten. Das Öl schmelzen. Den Backofen auf 160 °C (Umluft) vorheizen.

2

Haferflocken, Zimt, Backpulver, Vanillezucker und 1 Prise Salz in einer Schüssel mischen.

3

In einer zweiten Schüssel Ahornsirup, Milch, Eier und Öl verrühren. Anschließend die trockenen mit den feuchten Zutaten vermengen.

4

Das Obst waschen, die Nektarine entsteinen und in Würfel schneiden. Mit den Beeren zur Hafermischung geben und in einer ofenfesten Form verteilen. Im Ofen etwa 40 Minuten goldbraun backen.

5

Nach Belieben mit Joghurt und Ahornsirup servieren. Zusammen mit einer Kugel Eis ist das Oatmeal auch wunderbar als Dessert geeignet.

Tipp

Dieses Rezept ist unheimlich wandelbar: Man kann es vielseitig zubereiten und zum Beispiel das verwendete Obst ganz nach persönlichen Vorlieben variieren. Wer Lust auf eine zusätzliche Portion Schoko hat, gibt einfach einen Löffel Rohkakaopulver zu den trockenen Zutaten. Auch ein Topping aus Nussmus (s.S. 144/145) schmeckt lecker und sättigt Extrahungrige.

Tipp

Bereitet man den Grießbrei für ein Baby zu, das gerade erst an Kuhmilch gewöhnt wird, kann die Milchmenge auch halbiert und mit Wasser aufgefüllt werden.

Dinkelgrieß mit Vanilleäpfeln

Für 2–3 Portionen

75 g Dinkelgrieß
500 ml Milch
(Kuh- oder Pflanzenmilch, s. S. 148/149)
1 Apfel
1 EL Butter
Mark von ½ Vanilleschote

Zubereitungszeit
10–15 Minuten

1
Den Grieß mit der Milch in einen großen Topf geben, gut verrühren und langsam aufkochen lassen. Unter Rühren 1–2 Minuten köcheln lassen, bis der Grießbrei andickt.

2
Den Apfel schälen, das Kerngehäuse herausschneiden und das Fruchtfleisch in Spalten schneiden.

3
Die Butter in einer Pfanne erhitzen. Sobald sie geschmolzen ist, die Apfelspalten hineingeben und etwa 2 Minuten in der Butter schwenken.

4
Für den Babybrei: Die Hälfte der Apfelspalten nach dem Braten mit einem Stabmixer pürieren.

5
Das Vanillemark unter die restlichen Äpfel rühren. Den Grießbrei noch warm in Schalen verteilen und die Vanilleäpfel oder den Apfelbrei daraufgeben.

French-Toast-Sticks

Für etwa 12 Sticks

2 Eier
100 ml Milch
(Kuh-, Mandel- oder Cashewmilch, s. S. 148)
½ TL gemahlener Zimt
2 TL Honig oder 1 TL Muscovadozucker
4 Scheiben altbackenes Weißbrot
1 TL Butter
Ahornsirup und Obstschnitze von
Äpfeln, Pflaumen oder Nektarinen
(nach Belieben)

Zubereitungszeit
etwa 15 Minuten

Mit den Händen zu essen, macht Kindern immer am meisten Spaß. Für diese French-Toast-Sticks sind Messer und Gabel nicht nötig, da sie perfekt für kleine Kinderhände sind und sich einfach in Ahornsirup dippen lassen.

1

Eier, Milch, Zimt, Honig oder Zucker in einer Schüssel mischen. Das Brot in 2–3 cm breite Streifen schneiden.

2

Die Butter in einer Pfanne erhitzen. Die Brotstreifen in die Schüssel mit der Ei-Milch-Mischung legen, sodass beide Seiten vollständig damit überzogen sind und sie die Flüssigkeit ein wenig aufsaugen können.

3

Die Brotstreifen anschließend sofort in die heiße Pfanne geben und von beiden Seiten etwa 3 Minuten goldbraun braten. Nach Belieben mit Ahornsirup und Obst servieren.

Tipp

Wer seinen French Toast lieber in klassischer Form mag, kann die Brotscheiben auch ganz lassen. Bei der Zubereitung verlängert sich dann nur die Garzeit etwas.

Ricotta-Zitronen-Pancakes

Für etwa 8 Stück

200 g Mehl
3 EL Muscovadozucker
2 TL Backpulver
1 Päckchen Vanillezucker
(oder 8 g selbst gemachter, s. S. 126)
40 g Butter
200 ml Milch
250 g Ricotta
3 Eier
abgeriebene Schale und Saft
von 1 Bio-Zitrone
Butterschmalz oder Pflanzenöl
zum Braten

Zubereitungszeit
20 Minuten

Locker, fluffig und herrlich zitronig. Der Ricotta gibt diesen Pancakes eine besonders saftige Konsistenz. Ich mache sie am liebsten zum Frühstück, aber auch zum Tee am Nachmittag kommen sie bei Gästen immer gut an. Wer mag, bestreicht sie zusätzlich mit etwas Ahornsirup.

1
Mehl, Zucker, Backpulver und Vanillezucker in einer Schüssel mischen.

2
Die Butter in einem kleinen Topf schmelzen. In einer zweiten Schüssel Milch, Ricotta, Eier, Zitronenschale und -saft sowie Butter verrühren.

3
Die trockenen mit den feuchten Zutaten zu einem Teig verrühren.

4
Etwas Butterschmalz oder Pflanzenöl in einer Pfanne erhitzen. Pro Pancake etwa 3 EL Teig von jeder Seite etwa 2 Minuten bei mittlerer Hitze backen.

Tipp

Besonderen Eindruck kann man mit einer supereinfachen Pancake-Stapeltorte machen: Dazu verrühre ich etwa 250 g zusätzlichen Ricotta mit etwas Zitronenschale und braunem Zucker. Diese Creme auf den Pancakes verstreichen, übereinander schichten und zum Schluss mit etwas Puderzucker bestreuen – fertig!

Klassisches Avocadobrot

Für 2 Portionen

1 Avocado
2 Scheiben Brot nach Wunsch
etwas Zitronensaft
½ TL Sesamsamen
2 TL Gartenkresse

Zubereitungszeit
5 Minuten

Das Fruchtfleisch aus der Avocado lösen und in dünne Scheiben schneiden. Die Brotscheiben damit belegen und Zitronensaft, Sesam, Kresse, Salz und Pfeffer darübergeben.

Avocado-Lachs-Brot

Für 2 Portionen

1 Avocado
etwas Zitronensaft
2 Scheiben Brot nach Wunsch
4 Scheiben geräucherter Lachs
1 Stängel Dill, gehackt

Zubereitungszeit
5 Minuten

Das Fruchtfleisch aus der Avocado lösen und mit dem Zitronensaft mit einer Gabel zerquetschen. Auf den Brotscheiben verteilen und Lachs, Dill, Salz und Pfeffer darübergeben.

Avocadobrot mit Balsamico-Tomaten

Für 2 Portionen

1 Avocado
etwas Zitronensaft
5–8 Kirschtomaten, geviertelt
je 2 TL Olivenöl und Balsamico-Essig
2 Scheiben Brot nach Wunsch

Zubereitungszeit
5 Minuten

Das Fruchtfleisch aus der Avocado lösen und mit dem Zitronensaft mit einer Gabel zerquetschen. Die Tomaten mit Öl, Balsamico, Salz und Pfeffer marinieren. Das Avocadomus auf den Brotscheiben verteilen, die Tomaten darübergeben.

Avocado, Speck & Ei

Für 2 Portionen

1 Avocado
2 Scheiben Brot nach Wunsch
etwas Zitronensaft
4 Scheiben Speck, gewürfelt
2 Eier

Zubereitungszeit
10 Minuten

Das Fruchtfleisch aus der Avocado lösen, in dünne Scheiben schneiden, auf die Brote legen und mit Zitronensaft beträufeln. Den Speck in einer Pfanne knusprig braten. Herausnehmen, die Eier in der Pfanne zu Spiegelei braten. Speck und je 1 Ei auf die Brote geben.

Frühstückspizza

Für 1 Pizza (30 cm Ø)

Für den Teig
125 ml Milch
1 Päckchen Trockenhefe (7 g)
200 g Mehl, plus Mehl für die Arbeitsfläche
1 Prise Zucker
1 EL Olivenöl

Für den Belag
3 Scheiben Speck
1 EL Schmand
50 g Käse, gerieben (z. B. Gouda)
3 Eier
1 EL Schnittlauchröllchen

Zubereitungszeit
20 Minuten,
plus 1 Stunde Gehen

1
Die Milch leicht erwärmen und die Trockenhefe unterrühren.

2
Das Mehl mit Zucker, Öl, der Hefe-Milch-Mischung sowie ½ TL Salz in eine Schüssel geben und alles mit den Knethaken des Handrührgeräts 2–3 Minuten zu einem Teig verarbeiten.

3
Den Teig auf der bemehlten Arbeitsfläche mit den Händen kneten, bis er geschmeidig und nicht mehr klebrig ist. Falls nötig, noch etwas Mehl dazugeben. Den Teig zu einer Kugel formen, in eine Schüssel legen und abdecken. An einem warmen Ort etwa 1 Stunde gehen lassen. Der Teig sollte sein Volumen dann um das Doppelte vergrößert haben.

4
Den Backofen auf 200 °C (Umluft) vorheizen. Den Teig nochmals kurz mit der Hand durchkneten. Dann dünn ausrollen.

5
Den Speck in einer Pfanne ohne Fett knusprig braten und anschließend mit den Fingern zerbröseln.

6
Den Pizzaboden zuerst mit dem Schmand bestreichen, dann Käse und Speck gleichmäßig darauf verteilen. Die Eier auf die Pizza setzen und im Ofen etwa 10 Minuten backen.

7
Den Schnittlauch auf der fertigen Pizza verteilen, mit Salz und Pfeffer würzen. Die Pizza kurz abkühlen lassen und dann erst in Stücke schneiden.

Tipp

Dieses etwas ungewöhnliche Frühstück ist perfekt fürs Wochenende, denn der Teig muss 1 Stunde gehen. Die Kleinen können beim Teigkneten und Belegen gut helfen und sind ohnehin schon begeistert von Pizza zum Frühstück.

Haupt-
mahlzeiten

Arbeit, Kita oder Schule –
das kann uns einiges abverlangen.
Da braucht es Gerichte, die schnell
gehen, satt und glücklich machen.

Tipp

Auch als leichtes und nahrhaftes Mittagessen für die Pause geeignet. Eine Extrascheibe Vollkornbaguette macht zusätzlich satt.

Apfel-Möhren-Salat mit Halloumi

Für 4 Portionen

500 g Möhren
2 EL Olivenöl
30 g Sonnenblumenkerne
250 g Halloumi
1 Apfel (z. B. Elstar oder Boskop)
Saft von ½ Zitrone
3 EL Joghurt

Zubereitungszeit
15 Minuten

Diesen Salat mache ich immer gerne auf Vorrat und bewahre dann ein, zwei Portionen im Kühlschrank auf. Denn wenn die Zeit mal wieder knapp ist und wir Lust auf etwas Frisches haben, freuen wir uns immer über eine gesunde Mahlzeit in Griffweite.

1
Die Möhren schälen und mit einer groben Reibe raspeln.

2
1 EL Öl in einer Pfanne erhitzen und die Sonnenblumenkerne etwa 1 Minute darin rösten. Dann die Möhrenraspel zugeben und etwa 2 Minuten andünsten. Alles in eine Schüssel umfüllen und beiseitestellen.

3
Den Halloumi in etwa fingerdicke Scheiben schneiden. Das restliche Öl (1 EL) in einer zweiten Pfanne erhitzen und den Halloumi darin bei mittlerer Hitze von beiden Seiten goldbraun braten.

4
In der Zwischenzeit den Apfel schälen, das Kerngehäuse entfernen und ebenfalls mit einer groben Reibe raspeln. Apfelraspel und Zitronensaft zu den Möhren geben und verrühren.

5
Den Joghurt unterheben, mit Salz und Pfeffer würzen und alles gut vermengen. Mit dem Halloumi servieren.

Steinfrucht-Büffelmozzarella-Salat mit Basilikumvinaigrette

Für 4 Portionen

Für den Salat
500 g Pflücksalat
1 Nektarine
1 Pflaume
2 Aprikosen
250 g Büffelmozzarella

Für die Vinaigrette
½ rote Zwiebel
1 kleine Knoblauchzehe
1 große Handvoll Basilikum
1 EL Weißweinessig
5 EL Olivenöl

Zubereitungszeit
15 Minuten

Ich bin ein absoluter Salatliebhaber und esse mehrmals wöchentlich einen Teller mit gesundem Grün. Mein Sohn dagegen rümpft bei dem Anblick von Salatblättern die Nase. Aber für Früchte und Käse kann er sich immer begeistern. So haben alle etwas von diesem leckeren »kinderfreundlichen« Salat.

1
Den Salat waschen und gut abtropfen lassen. Dann in eine große Schüssel geben.

2
Nektarine, Pflaume und Aprikosen waschen, entsteinen und in mundgerechte Spalten oder Stücke schneiden. Das Obst auf dem Salat verteilen.

3
Den Büffelmozzarella mit den Fingern zerrupfen und ebenfalls auf den Salat geben.

4
Für das Dressing Zwiebel und Knoblauch schälen, das Basilikum waschen. Mit den restlichen Zutaten pürieren und über den Salat träufeln.

Tipp

Die Vinaigrette passt nicht nur großartig zu Salat, sondern auch als Dip zu Fleisch und Fisch. Sie hält sich in einem luftdichten Gefäß und im Kühlschrank gelagert gut fünf Tage. Etwas sättigender wird der Salat übrigens mit einer zusätzlichen Avocado, in Spalten oder Würfel geschnitten.

Mediterraner Quinoasalat

Für 4 Portionen

120 g Quinoa
1 rote Paprikaschote
1 Zucchini
1 Aubergine
3 EL Olivenöl
8 Kirschtomaten
150 g Mozzarella
1 Bund Koriandergrün
(alternativ: glatte Petersilie)
1 Zitrone

Zubereitungszeit
30 Minuten

Quinoa zählt zu meinen liebsten Lebensmitteln, da sie so vielseitig verwendbar ist und zudem lange satt macht. Dieser Salat gehört schon lange zu meinen Standardrezepten und Flynn liebte ihn – wahrscheinlich aufgrund seiner Konsistenz – schon, als er gerade anfing, feste Nahrung zu sich zu nehmen.

1

Die Quinoa mit 250 ml Wasser in einen Topf geben und zum Kochen bringen; etwa 20 Minuten garen. Das Wasser sollte am Ende komplett aufgesogen worden sein. Die fertige Quinoa in eine große Schüssel füllen und beiseitestellen.

2

Die Paprika waschen, halbieren, entkernen und in kleine Würfel schneiden. Zucchini und Aubergine waschen und ebenfalls klein würfeln.

3

Das Öl in einer Pfanne erhitzen. Das Gemüse darin bei mittlerer Hitze etwa 5 Minuten anbraten und dabei ständig in Bewegung halten, damit es nicht anbrennt. Mit Salz und Pfeffer würzen und nochmals gut umrühren. Das fertige Gemüse zur Quinoa geben und etwas abkühlen lassen.

4

Die Tomaten waschen und in kleine Würfel schneiden. Den Mozzarella ebenfalls in kleine Würfel schneiden. Den Koriander waschen und fein hacken.

5

Tomaten, Mozzarella und Koriander unter die Quinoa-Gemüse-Mischung heben. Den Saft von ½ Zitrone darüberträufeln und alles gut vermengen. Ganz nach Geschmack noch etwas mehr Zitronensaft dazugeben und, wenn nötig, mit Salz und Pfeffer nachwürzen.

Tipp

Das Gemüse kann man natürlich nach seinen eigenen Vorlieben variieren und so immer wieder eine neue Geschmacksrichtung schaffen. Ich mag den Salat zum Beispiel auch gerne mit Roter Bete oder Kichererbsen.

Erbsensuppe mit Prosciutto

Eine meiner allerliebsten Suppen. Nicht nur, weil sie superschnell zubereitet ist, sondern weil die Kombination von scharf angebratenen Zwiebeln, süßen Erbsen, saurer Zitrone und salzigem Prosciutto für mich unschlagbar ist. So simpel und so gut!

Für 4–5 Portionen

3 mehligkochende Kartoffeln
3 Möhren
1 Zwiebel
Butterschmalz oder Pflanzenöl
300 g Erbsen (TK)
1 l Gemüsebrühe
4–5 Scheiben Prosciutto
Saft von 1 Zitrone
Sahne (nach Belieben)

Zubereitungszeit
35 Minuten

1
Kartoffeln, Möhren und Zwiebel schälen und in grobe Würfel schneiden. Butterschmalz oder Pflanzenöl in einem großen Topf erhitzen und die Zwiebel darin anbraten. Kartoffeln und Möhren dazugeben und 2 Minuten braten. Die Erbsen zufügen, dann die Brühe angießen. Etwa 15 Minuten köcheln lassen.

2
Inzwischen eine Pfanne ohne Fett erhitzen und den Prosciutto von beiden Seiten knusprig braten.

3
Die Suppe mit einem Stabmixer pürieren. Zitronensaft dazugeben, mit Salz und Pfeffer würzen. Nach Belieben mit etwas Sahne verfeinern. Den Prosciutto erst kurz vor dem Servieren auf die Suppe legen.

Kokos-Süßkartoffel-Suppe

Diese Suppe ist perfekt geeignet für ungemütliches Regenwetter und kalte Herbsttage. Eingemummelt unter einer Decke schmeckt sie uns am besten.

Für 4–5 Portionen

etwa 500 g Möhren
1 Süßkartoffel
1 kleine Zwiebel
1 Stück Ingwer (2 cm)
1 Bund Suppengrün
Saft von 1 Orange
200 ml Kokosmilch
1 TL Currypulver
frisch gehackte Petersilie (nach Belieben)

Zubereitungszeit
45 Minuten

1
Möhren, Süßkartoffel, Zwiebel und Ingwer schälen und in Würfel schneiden. Das Suppengrün putzen, gegebenenfalls schälen und in Stücke schneiden.

2
Alles in einen großen Topf geben und so viel Wasser aufgießen, dass das Gemüse gerade bedeckt ist. Zum Kochen bringen und 30 Minuten köcheln lassen.

3
Mit einem Stabmixer zu einer cremigen Suppe pürieren. Orangensaft und Kokosmilch dazugeben und mit Currypulver, Salz und Pfeffer würzen. In Schalen verteilen und nach Belieben mit Petersilie bestreuen.

Tipp

Wenn man das Backpulver weglässt, kann man die Pancakes auch als flache Eierkuchen ausbacken und mit dem Haselnuss-Schoko-Mus (s.S. 144) füllen und aufrollen.

Spinat-Pancakes

Für etwa 8 Stück

1 reife Banane
50 g Babyspinat
200 ml Buttermilch
2 Eier
200 g Vollkornmehl
1 TL Backpulver
1 EL brauner Rohrzucker
Butterschmalz oder
Pflanzenöl zum Braten

Zubereitungszeit
20 Minuten

Mein Sohn liebt diese grünen Pancakes. Und ich liebe es zu wissen, dass er endlich mal seinen Spinat voller Freude isst. Das ist übrigens eine der besten Ideen überhaupt: Obst oder Gemüse in pürierter Form unter Gerichte zu mogeln, die Kinder besonders gerne essen.

1

Die Banane schälen. Spinat, Banane, Buttermilch und Eier in einen Mixer geben und zu einer homogenen Masse verarbeiten.

2

Mehl, Backpulver und Zucker vermengen und mit der Spinatmischung verrühren.

3

Etwas Butterschmalz oder Pflanzenöl in einer Pfanne erhitzen. Pro Pancake etwa 3 EL Teig von jeder Seite etwa 2 Minuten bei mittlerer Hitze backen.

Gelbe-Linsen-Taler

Für 10 Stück

250 g gelbe Linsen
½ Bund Schnittlauch
2–3 Frühlingszwiebeln
2 Eier, plus je 1 Ei pro Person für die Spiegeleier
70 g Manchego, gerieben
70 g Semmelbrösel (alternativ geht auch Hartweizengrieß)
2 EL Butterschmalz oder Pflanzenöl

Zubereitungszeit
30 Minuten

Linsen gehören zu den besten Eiweißlieferanten und sind deshalb gerade für Vegetarier oder mäkelige Fleischesser eine tolle Alternative, um den Körper mit den wichtigen Proteinen zu versorgen, die vielfältige Aufgaben im Körper übernehmen. Die Taler sind schnell und einfach zubereitet und ich kenne bisher kein Kind, das sie nicht mochte.

1

Die Linsen etwa 10 Minuten in 500 ml Wasser kochen. Perfekt sind sie, wenn sie noch ganz leichten Biss haben.

2

In der Zwischenzeit Schnittlauch und Frühlingszwiebeln waschen beziehungsweise putzen und sehr fein schneiden. Etwas Schnittlauch für die Deko beiseitelegen.

3

Nach dem Kochen die Linsen gut abtropfen lassen und anschließend in eine Schüssel geben. Die restlichen Zutaten, bis auf Butterschmalz oder Pflanzenöl, sowie etwas Salz zufügen und alles gut vermengen.

4

Butterschmalz oder Pflanzenöl bei mittlerer Temperatur in einer Pfanne erhitzen. 1 gehäuften EL der Linsenmischung aus der Schüssel nehmen und mit den Händen zu einem Taler formen. Diesen in die Pfanne legen und die Taler von jeder Seite etwa 3 Minuten goldbraun braten.

5

Zum Servieren die restlichen Eier zu Spiegeleiern braten und auf den Linsentalern anrichten. Mit Schnittlauch bestreuen.

Tipp

Die Linsentaler lassen sich prima auf Vorrat zubereiten, um sie am nächsten Tag als Fingerfood in die Lunchbox zu packen.

Wurzel-Kartoffel-Pfanne mit Feta-Minze-Dip

Für 2–3 Portionen

5 festkochende Kartoffeln
4 Möhren
2 Pastinaken
Olivenöl
250 g Joghurt
75 g Feta
1 Stängel Koriander
1 Stängel Minze

Zubereitungszeit
40 Minuten

1

Für das Gemüse Kartoffeln und Möhren abschrubben und in längliche Spalten schneiden. Die Pastinaken schälen und in Spalten schneiden. Etwas Öl in einer Pfanne erhitzen und die Gemüsespalten darin anbraten, bis sie bissfest und leicht gebräunt sind. Mit Salz und Pfeffer würzen.

2

Für den Babybrei: 300 g gebratene Gemüsespalten abnehmen und mit 50–70 ml Wasser glatt pürieren.

3

Für den Dip den Joghurt in eine Schüssel geben und den Feta hineinbröckeln. Koriander und Minze waschen und trocken tupfen. Beides hacken und unter die Joghurt-Feta-Mischung rühren. Mit Salz und Pfeffer würzig abschmecken.

4

Ganze Kartoffel-, Möhren- und Pastinakenspalten auf Tellern anrichten und den Feta-Minze-Dip darauf verteilen.

Tipp

Versuchen Sie doch mal, den Brei nicht ganz so fein zu pürieren. Manche Babys mögen eine etwas stückigere Konsistenz.

Gefüllte Süßkartoffeln

Für 4 Portionen

4 große Süßkartoffeln
80 g Quinoa
400 g schwarze Bohnen (aus der Dose)
2 frische Maiskolben
2 TL Olivenöl
Saft von 1 Limette
4 EL geriebener Käse (z.B. Manchego oder Cheddar)
1–2 Handvoll Korianderblättchen (alternativ: glatte Petersilie)

1 Portion Guacamole (s.S. 111)

Zubereitungszeit
45 Minuten

Süßkartoffeln an sich sind schon echte Nähr- und Vitalstoffbomben, darunter Folsäure und Eisen. Gefüllt mit köstlichen Sachen wie Quinoa, Bohnen, Mais und Avocado machen sie auch noch lange satt und sind dazu richtig lecker!

1
Den Backofen auf 200 °C vorheizen. Die Süßkartoffeln mehrfach mit einer Gabel anstechen, auf ein Blech setzen und etwa 30 Minuten im Backofen garen. Die Quinoa mit 200 ml Wasser in einen Topf geben und etwa 20 Minuten kochen.

2
Die schwarzen Bohnen in ein Sieb gießen und abtropfen lassen. Die Maiskörner von den Kolben schneiden. Das Öl in einer Pfanne erhitzen und die Körner kurz darin anbraten. Die Bohnen zugeben, erhitzen und anschließend die Quinoa unterheben. Kräftig mit Salz und Pfeffer würzen und mit Limettensaft abschmecken.

3
Die gegarten Süßkartoffeln längs aufschneiden und jeweils 1 EL geriebenen Käse hineingeben. Mit einer Gabel leicht in das weiche Innere der Kartoffel einarbeiten. Mit der Bohnen-Mais-Quinoa-Mischung füllen und Guacamole sowie Koriander daraufgeben.

Tipp

Wer ein breiessendes Baby zu Hause hat, schiebt einfach noch eine Süßkartoffel mehr in den Backofen und verarbeitet diese anschließend zu Süßkartoffelbrei.

Sellerieschnitzel mit Kartoffelstampf

Für 4 Portionen

1 mittelgroßer Knollensellerie
800 g mehligkochende Kartoffeln
1 EL Butter
100 ml Milch
1 Prise Muskatnuss
60 g Mehl
100 g Vollkornsemmelbrösel
2 Eier
Butterschmalz oder
Pflanzenöl zum Braten
1 EL gehackte Petersilie
(nach Belieben)

Zubereitungszeit
30 Minuten

Vielen vielleicht als etwas dröger Geselle aus dem Suppengrün bekannt, macht der Knollensellerie in diesem Rezept eine 1-a-Figur als Schnitzelersatz. Er steckt voller Vitamine und Mineralstoffe wie Kalium, Eisen oder Kalzium, das gerade Kinder im Wachstum besonders gut gebrauchen können. Wenn Sie Glück haben, merken die Kleinen gar nicht, dass sich unter der Panade kein Fleisch versteckt …

1
Für die Schnitzel den Sellerie in 1,5 cm dicke Scheiben schneiden. Anschließend die Schale entfernen. Einen großen Topf mit ausreichend Wasser zum Kochen bringen und die Selleriescheiben etwa 5 Minuten darin blanchieren.

2
Für den Kartoffelstampf die Kartoffeln schälen und etwa 20 Minuten in reichlich Wasser gar kochen. Das Wasser abgießen, Butter, Milch, Muskat und Salz dazugeben und alles mit einem Kartoffelstampfer grob zerdrücken.

3
Mehl, Semmelbrösel und verquirltes Ei jeweils in eine Schüssel geben.

4
Die Selleriescheiben gut trocknen, dann im Mehl wenden, anschließend in das Ei tauchen und zum Schluss mit den Semmelbröseln panieren. Mit Salz und Pfeffer würzen.

5
Etwas Butterschmalz oder Pflanzenöl in einer Pfanne erhitzen und die panierten Selleriescheiben von jeder Seite etwa 3 Minuten goldbraun braten. Mit dem Kartoffelstampf servieren und nach Belieben mit Petersilie bestreuen.

Kürbis-Süß-kartoffel-Gemüse mit Feta

Für 2–3 Portionen

2 Süßkartoffeln
1 Hokkaidokürbis
5 EL Olivenöl
2 Zweige Rosmarin
1 kleine Handvoll Walnusskerne
30 g Feta
1 kleine Handvoll Cranberrys

Zubereitungszeit
55 Minuten

1

Den Backofen auf 190 °C (Umluft) vorheizen. Die Süßkartoffeln schälen und in Spalten schneiden. Den Kürbis waschen, halbieren, entkernen und ebenfalls in Spalten schneiden. Beides in eine ofenfeste Form geben, mit 3 EL Öl beträufeln und im Ofen etwa 40 Minuten garen.

2

Die Rosmarinnadeln abzupfen. Das restliche Öl (2 EL) in einer Pfanne erhitzen, den Rosmarin hineingeben und etwa 2 Minuten knusprig frittieren, dann leicht salzen. Die Walnüsse in die Pfanne geben und kurz mitrösten.

3

Für den Babybrei: 300 g gebackene Süßkartoffel- und Kürbisspalten mit 50 ml Wasser glatt pürieren.

4

Süßkartoffel- und Kürbisspalten auf Teller verteilen, die Nuss-Rosmarin-Mischung darübergeben und jeweils etwas Feta darüberbröckeln. Zum Schluss mit Salz und Pfeffer nachwürzen und mit Cranberrys bestreuen.

Tipp

Breiportionen à etwa 150 g in luftdichte Boxen abfüllen und einfrieren. So haben Sie auch an stressigen Tagen immer eine Mahlzeit für den hungrigen Nachwuchs parat.

Wraps mit Hummus, Süßkartoffeln & Grünkohl

Für 6 Portionen

2 Süßkartoffeln
Olivenöl
250 g Grünkohl
1 Avocado
6 Weizentortillas (Fertigprodukt)
½ Portion Hummus (s.S. 108)

Zubereitungszeit
45 Minuten

Diese Wraps schmecken zum einen köstlich und sind zum anderen ein toller Sattmacher für die Pause – egal ob in Schule oder Büro. Zum besseren Anfassen umwickle ich die Wraps mit Backpapier und fixiere das Ganze mit einem hübschen Klebeband oder Garn. Sieht toll aus und ist auch noch praktisch!

1
Den Backofen auf 190 °C vorheizen. Die Süßkartoffeln schälen und in Spalten schneiden. In eine ofenfeste Form geben, mit etwas Öl beträufeln und im Ofen etwa 30 Minuten garen.

2
In der Zwischenzeit den Grünkohl waschen, die groben Stiele entfernen und den Rest in schmale Streifen schneiden. Etwas Öl in einer Pfanne erhitzen. Den Grünkohl 2–3 Minuten in der Pfanne schwenken und anschließend beiseitestellen.

3
Die Avocado entkernen, schälen und das Fruchtfleisch in Spalten schneiden.

4
Die Tortillas nacheinander in einer Pfanne von beiden Seiten für jeweils 20 Sekunden erwärmen. Achtung: Sie sollen noch weich sein und dürfen deshalb nicht zu lang in der Pfanne bleiben.

5
Jeden Tortillafladen mit etwa 2 EL Hummus bestreichen und mit Süßkartoffel, Grünkohl und Avocado belegen. Fest zusammenrollen und zum Servieren in der Mitte halbieren.

Tipp

Die zweite Hälfte des Hummus hält sich einige Tage im Kühlschrank. Wenn Sie mal spontan Gäste zum Essen bekommen, haben Sie mit verschiedenen Gemüsesticks und dem Kichererbsendip eine superschnelle Vorspeise. Auch als kleiner Zwischensnack nach Sport oder Kita kommt diese Kombi sehr gut an.

Kürbiskernpesto

Für 4 Portionen

80 g Kürbiskerne
1 Handvoll Basilikum
1 Knoblauchzehe, geschält
80 ml Olivenöl
Saft von ½ Zitrone

Zubereitungszeit
10 Minuten

Die Kürbiskerne in einer Pfanne ohne Fett rösten. Mit den restlichen Zutaten sowie etwas Salz und Pfeffer in der Küchenmaschine zu einer homogenen Masse verarbeiten. Schmeckt lecker mit Zucchini-Spaghetti.

Paprika-Tomaten-Pesto

Für 6 Portionen

1 Paprikaschote
30 ml Olivenöl, plus etwas zum Anbraten
30 g Pinienkerne, geröstet
1 Knoblauchzehe, geschält
50 g Parmesan, gerieben
100 g getrocknete Tomaten
1 Handvoll Basilikum

Zubereitungszeit
15 Minuten

Paprika entkernen, in Streifen schneiden und im Öl in einer Pfanne 2–3 Minuten anbraten. Alle Zutaten mit etwas Salz und Pfeffer etwa 3 Minuten pürieren.

Brokkolipesto

Für 4 Portionen

200 g Brokkoli
40 g Parmesan, gerieben
1 kleine Knoblauchzehe, geschält
40 ml Olivenöl
Saft von ½ Zitrone

Zubereitungszeit
20 Minuten

Vom Brokkoli die Röschen abtrennen und in grobe Stücke schneiden. In 1 l Wasser aufkochen und 12 Minuten köcheln lassen. Abgießen und mit den restlichen Zutaten sowie etwas Salz und Pfeffer in der Küchenmaschine pürieren.

Basilikumpesto

Für 4 Portionen

30 g Pinienkerne
50 g Parmesan, gerieben
1 Knoblauchzehe, geschält
2 Handvoll Basilikum
60 ml Olivenöl

Zubereitungszeit
10 Minuten

Die Pinienkerne in einer Pfanne ohne Fett leicht rösten. Mit den restlichen Zutaten sowie etwas Salz und Pfeffer in der Küchenmaschine pürieren. Schmeckt lecker zu Tomate mit Mozzarella.

Lasagne-Cupcakes

Für 12 Stück

1 Zwiebel
1 Knoblauchzehe
Pflanzenöl, zum Braten
300 g Rinderhackfleisch
600 g geschälte Tomaten (aus der Dose)
150 g Ricotta
2 EL gehackte Petersilie
50 g Parmesan
150 g Mozzarella
12 Lasagneplatten
(frisch oder al dente vorgekocht)

Muffinblech

Zubereitungszeit
20 Minuten,
plus 25 Minuten Backen

Zu diesen kleinen Lasagne-Cupcakes konnte bisher niemand nein sagen. Ich bereite sie gerne als warmes Abendessen zu, aber sie machen sich auch wunderbar auf dem Büfett, zum Beispiel bei der nächsten Geburtstagssause.

1
Die Zwiebel schälen und in feine Würfel schneiden. Den Knoblauch schälen und fein hacken.

2
Etwas Öl in einem Topf erhitzen und das Hackfleisch 2–3 Minuten darin anbraten. Die Zwiebel dazugeben und für weitere 3 Minuten braten, dann den Knoblauch zufügen. Die geschälten Tomaten zugeben, mit Salz und Pfeffer würzen und alles mindestens 15 Minuten köcheln lassen.

3
In der Zwischenzeit den Backofen auf 180 °C (Umluft) vorheizen und die Mulden des Muffinblechs mit etwas Öl einpinseln. Den Ricotta mit der Petersilie vermengen. Den Parmesan reiben und den Mozzarella in Scheiben schneiden.

4
Die Lasagneplatten in Form biegen, bei Bedarf etwas zurechtschneiden und jede Mulde des Muffinbleches damit auslegen. Die Enden dürfen etwas überlappen.

5
Die Mulden zu drei Vierteln mit der Fleischsauce füllen, 1 TL der Ricottamischung daraufgeben und mit etwas Parmesan bestreuen. Zum Schluss mit einer Mozzarellascheibe belegen.

6
Im Ofen etwa 25 Minuten goldbraun backen. Vor dem Servieren die Lasagne-Cupcakes etwas abkühlen lassen, damit sie nicht auseinanderfallen.

Tipp

Wer das Ganze lieber vegetarisch zubereiten möchte, kann die Mulden auch mit Zucchini- und Auberginenscheiben befüllen.

Mac & Cheese

Für 1 ofenfeste Form (27 cm ø)

400 g Pasta nach Wunsch
(z. B. Cellentani oder Mini-Makkaroni)
200 g Cheddar
50 g Butter
30 g Mehl
500 ml Milch
1 TL Senf
1 Ei

Zubereitungszeit
15 Minuten,
plus 20 Minuten Backen

An Tagen, die nach warmem »Soul Food« schreien, bringe ich gerne dieses Gericht auf den Tisch. Ich bin bisher auch noch keinem Kind – und übrigens auch keinem Erwachsenen – begegnet, das bei diesem würzig-cremigen Auflauf nicht schwach geworden ist.

1
Den Backofen auf 190 °C (Umluft) vorheizen. Einen großen Topf mit Wasser zum Kochen bringen und die Pasta fast al dente kochen, dann zur Seite stellen. Den Cheddar reiben.

2
Die Butter in einem zweiten Topf erhitzen. Das Mehl langsam einrieseln lassen, dabei ständig rühren.

3
Die Milch angießen, dann Senf, Ei und die Hälfte des Käses unterrühren.

4
Die vorgekochte Pasta in einer ofenfesten Form verteilen und die Milchmischung darübergießen.

5
Mit dem restlichen Käse bestreuen und im Ofen etwa 20 Minuten goldbraun backen.

Tipp

Der verwendete Käse kann natürlich variiert werden. Wie wäre es mal mit Greyerzer, Gorgonzola oder Parmesan? Vermutlich mögen diese Sorten aber eher Erwachsene oder größere Kinder.

Kartoffelgnocchi in Salbeibutter

Für 4 Portionen

1 kg mehligkochende Kartoffeln
200 g Mehl
1 Ei
1 Prise geriebene Muskatnuss
1 EL Butter
1 Knoblauchzehe, geschält
5 Salbeiblätter
geriebener Parmesan (nach Belieben)

Zubereitungszeit
30 Minuten,
plus 30 Minuten Garzeit

1

Den Backofen auf 190 °C vorheizen. Die Kartoffeln auf ein Backblech setzen und 30 Minuten garen. Aufschneiden, das Innere herauslösen und mit Mehl, Ei, Muskatnuss und etwas Salz vermengen. Etwas Teig abnehmen und zu einer daumendicken Rolle formen. Mit einem Messer in etwa 1,5 cm große Stücke schneiden. Den Vorgang wiederholen, bis der Teig aufgebraucht ist.

2

In einem großen Topf Salzwasser aufkochen und die Gnocchi hineingeben. Wenn sie an die Oberfläche steigen, sind sie gar. Mit einem Schaumlöffel herausheben.

3

Die Butter in einer großen Pfanne erhitzen, Knoblauch und Salbei hineingeben. Die Gnocchi dazugeben und kurz schwenken (gegebenenfalls ein paar Gnocchi für eine Babyportion zuvor beiseitestellen). Nach Belieben mit Parmesan bestreuen.

Spinat-Ricotta-Gnocchi

Für 4 Portionen

80 g frischer Babyspinat
250 g Ricotta
30 g Parmesan, gerieben,
plus etwas zum Servieren
100 g Mehl
1 Eigelb
130 g Hartweizengrieß,
plus etwas für die Arbeitsfläche
1 Msp. Muskatnuss

Zubereitungszeit
30 Minuten

1

Spinat und Ricotta etwa 30 Sekunden in der Küchenmaschine mixen. Die restlichen Zutaten sowie ½ TL Salz zugeben und so lange weitermixen, bis alles gut vermengt ist. Mit den Händen kleine Kugeln formen und auf die mit Hartweizengrieß bestreute Arbeitsfläche legen. Sollte der Teig noch sehr klebrig sein, die Hände zusätzlich mit etwas Hartweizengrieß bestäuben.

2

In einem großen Topf Salzwasser aufkochen und die Gnocchi hineingeben. Wenn sie an die Oberfläche steigen, sind sie gar. Mit einem Schaumlöffel herausheben. Die Gnocchi mit Parmesan bestreut servieren.

Erbsenrisotto

Für 4 Personen

1 kleine Zwiebel
2 EL Butter, plus Butter zum Braten
150 g Erbsen (TK)
Saft von 1 Zitrone
etwa 800 ml Gemüsebrühe
300 g Risottoreis (z. B. Arborio)
100 g Parmesan

Zubereitungszeit
30 Minuten

Tipp

Dieser Risotto könnte auch etwas für Babys sein – entweder püriert oder sogar unpüriert, mit Gemüsebrühepulver, Salz und Pfeffer jedoch sparsam umgehen. Erwachsene können ja immer nachwürzen. Ist das Gericht nur für sie bestimmt, kann gerne auch noch ein Schuss Weißwein dazugegeben werden.

Dieser Risotto ist eines von Flynns absoluten Lieblingsessen, schon seit er ein ganz kleiner Essanfänger war. Und egal, durch welche Phasen er gegangen ist, die Liebe zu Erbsenrisotto ist bis heute geblieben.

1

Für das Erbsenpüree die Zwiebel schälen und in grobe Würfel schneiden. Etwas Butter in einer Pfanne erhitzen und die Zwiebel darin anschwitzen. Dann die Erbsen zugeben und 3–4 Minuten mit der Zwiebel in der Pfanne schwenken.

2

Ein paar Erbsen für die Deko beiseitelegen, die restliche Erbsen-Zwiebel-Mischung mit einem Stabmixer fein pürieren. Den Zitronensaft zugeben, das Püree leicht mit Salz und Pfeffer würzen und beiseitestellen.

3

Für den Risotto die Gemüsebrühe in einen Topf geben und erhitzen. In einem zweiten Topf 1 EL Butter schmelzen und den Reis darin anschwitzen, bis alle Reiskörner glänzen. Mit einer Suppenkelle heißer Brühe begießen, umrühren und einkochen lassen. Diesen Vorgang alle paar Minuten wiederholen, sobald der Reis die Flüssigkeit absorbiert hat. Nach etwa 20 Minuten sollte der Reis weich sein, aber noch einen leichten Biss haben.

4

In der Zwischenzeit den Parmesan reiben. Das Erbsenpüree und den geriebenen Käse unter den fertigen Risotto rühren.

5

Zum Schluss die restliche Butter (1 EL) unterheben und nochmals gut umrühren, damit sich alle Komponenten gut verbinden. Den Risotto in Schalen anrichten und mit den Erbsen bestreuen.

Minipizzas – 3 Ways

Hefeteiggrundrezept für 6 kleine Pizzen à 10 cm Ø

10 g Trockenhefe
400 g Mehl, plus Mehl für die Arbeitsfläche
1 Prise Zucker
3 EL Olivenöl

Zubereitungszeit
10 Minuten,
plus 1 Stunde Gehen

Eine Pizza – viele Varianten. Sicher wird Ihr Kind nicht alle davon mögen. Aber wenn Sie Pizzas mit verschiedenen Belägen vorbereiten und mit der Familie am Tisch sitzen, hat es vielleicht Lust, auch mal zu probieren, was die anderen so essen. Clever, oder?

1
Die Trockenhefe mit 250 ml warmem Wasser verrühren. Das Mehl mit Zucker, Öl, der Hefe-Wasser-Mischung sowie 1 TL Salz in eine Schüssel geben und alles mit den Knethaken des Handrührgeräts 2–3 Minuten zu einem Teig verarbeiten.

2
Den Teig auf der bemehlten Arbeitsfläche mit den Händen kneten, bis er geschmeidig und nicht mehr klebrig ist. Falls nötig, noch etwas Mehl dazugeben. Den Teig zu einer Kugel formen, in eine Schüssel legen und abdecken. An einem warmen Ort etwa 1 Stunde gehen lassen. Der Teig sollte sein Volumen dann verdoppelt haben.

3
Den Backofen auf 200 °C (Umluft) vorheizen. Den Teig nochmals kurz mit der Hand durchkneten. Dann dünn ausrollen, mit einem Glas (10 cm Ø) Minipizzas ausstechen und diese mit den Händen leicht auseinanderziehen.

4
Die Pizzas nach Belieben belegen und im Ofen 18–20 Minuten backen.

Minipizza mit Pesto, Mozzarella, Prosciutto & Nektarine

Belag für je 1 Minipizza

½ Nektarine
1 EL Basilikumpesto (s.S. 65)
3 Scheiben Mozzarella
2 Scheiben Prosciutto

Zubereitungszeit
5 Minuten,
plus 18–20 Minuten Backen

Die Nektarine in Scheiben schneiden. Den vorbereiteten Teig mit dem Pesto bestreichen, mit Mozzarella belegen und die Pizza im Ofen 18–20 Minuten backen. Herausnehmen und sofort mit Prosciutto und Nektarine belegen. Nach Belieben mit Pfeffer würzen.

Minipizza mit Schmand, Kartoffeln, Parmesan & Rosmarin

Belag für je 1 Minipizza

1 Kartoffel
1 gehäufter EL Schmand
2 TL geriebener Parmesan
1 TL Rosmarinnadeln

Zubereitungszeit
10 Minuten,
plus 18–20 Minuten Backen

Die Kartoffel schälen, in dünne Scheiben schneiden und etwa 5 Minuten in kochendem Wasser vorkochen. Den vorbereiteten Teig mit dem Schmand bestreichen und die Kartoffelscheiben darauf verteilen. Mit Parmesan und Rosmarin bestreuen und die Pizza im Ofen 18–20 Minuten backen.

Minipizza mit Tomatensauce, Käse, Bresaola & Walnusskernen

Belag für je 1 Minipizza

1 kleine Handvoll Walnusskerne
2 EL passierte Tomaten
3 EL geriebener Käse (z.B. Gouda oder Emmentaler)
2 Scheiben Bresaola
1 TL geriebener Parmesan

Zubereitungszeit
5 Minuten,
plus 18–20 Minuten Backen

Die Walnusskerne grob hacken. Den vorbereiteten Teig mit der Tomatensauce bestreichen, den Käse darauf verteilen und die Pizza im Ofen 18–20 Minuten backen. Herausnehmen und sofort mit Bresaola belegen. Mit Parmesan und Walnüssen bestreuen. Mit Salz und Pfeffer würzen.

Garnelen in Kokospanade mit Aioli-Dip

Für 4 Portionen

Für die Garnelen
1 Ei
40 g Mehl
40 g Kokosraspel
200 g geschälte Garnelen (TK), aufgetaut
1 EL Kokosöl
Zitronen zum Servieren

Holzspieße

Für die Aioli
2 Knoblauchzehen
100 ml Milch (Raumtemperatur)
200 ml Olivenöl

Zubereitungszeit
10 Minuten,
plus 8–10 Minuten Backen

Sommersonne auf dem Balkon, eine Schüssel Salat, Familie, gute Freunde und diese Garnelen in ihrer knackigen Kokoshülle – das fühlt sich fast wie Urlaub an.

1

Für die Garnelen den Backofen auf 160 °C Grillstufe vorheizen. Das Ei in einer kleinen Schüssel leicht verquirlen. Mehl und Kokosraspel ebenfalls in separate Schüsseln geben und in einer Reihe aufstellen.

2

Die Garnelen leicht salzen, vorsichtig im Mehl wenden, dann in das Ei tauchen und zuletzt mit den Kokosraspeln panieren, sodass sie komplett damit ummantelt sind.

3

Die Garnelen auf ein mit Backpapier ausgelegtes Backblech legen. Das Kokosöl schmelzen und die Garnelen damit beträufeln. Im Ofen von beiden Seiten jeweils 4–5 Minuten backen.

4

Für die Aioli alle Zutaten mit 1 Prise Salz in ein hohes Gefäß geben und mit einem Stabmixer pürieren, bis eine homogene Creme entstanden ist.

5

Die gebackenen Garnelen auf Holzstäbchen spießen und mit Aioli und Zitronen servieren.

Tipp

Diese Garnelen passen super zu einem frischen, sommerlichen Salat, zum Beispiel dem Steinfrucht-Salat auf Seite 45. Dann einfach den Büffelmozzarella weglassen und den Salat zusammen mit den Garnelen servieren.

Tipp

Sie können den Burger natürlich auch ganz klassisch mit Salatblättern, Tomaten- und Gurkenscheiben sowie Ketchup zusammenstellen.

Lachsburger mit Avocado-Joghurt-Creme

Für 4 Stück

Für die Patties
350 g Lachsfilet
2 Frühlingszwiebeln
1 EL Schnittlauchröllchen
2 TL Senf
1 TL Mayonnaise
abgeriebene Schale und Saft von ½ Bio-Zitrone
100 g Semmelbrösel
1 Ei
Butterschmalz oder
Pflanzenöl zum Braten

Für die Avocado-Joghurt-Creme
1 Avocado
1 Knoblauchzehe
2 EL Joghurt

Zum Belegen
4 Hamburgerbrötchen
Salatblätter

Zubereitungszeit
30 Minuten

Burger. Wer liebt sie nicht? Dieses Exemplar mit seinem Lachs-Patty und der frischen Avocado-Joghurt-Creme wird mit Sicherheit auch in Ihrer Familie seine Fans finden. Noch dazu versorgt uns der Lachs ganz nebenbei mit den essenziellen Omega-3-Fettsäuren. Eine echte Win-win-Situation …

1
Für die Patties das Lachsfilet in feine Würfel schneiden und anschließend etwas hacken. Die Frühlingszwiebeln waschen, putzen und in feine Streifen schneiden. Diese ebenfalls etwas hacken.

2
Mit den restlichen Zutaten sowie etwas Salz und Pfeffer in einer Schüssel vermengen und mit den Händen vier gleich große Burger-Patties formen.

3
Etwas Butterschmalz oder Pflanzenöl in einer Pfanne erhitzen. Die Lachs-Patties bei mittlerer Hitze von beiden Seiten jeweils etwa 5 Minuten knusprig braten.

4
Für die Avocado-Joghurt-Creme die Avocado halbieren, entkernen und das Fleisch mit einem Löffel herauslösen; anschließend pürieren. Den Knoblauch schälen und durch eine Knoblauchpresse drücken. Mit Joghurt, ¼ TL Salz und etwas Pfeffer unter das Avocadopüree rühren.

5
Die Burgerbrötchen halbieren und leicht erwärmen (entweder im Backofen oder auf dem Toaster). Die untere Hälfte mit Salatblättern belegen, je einen Patty daraufsetzen und mit etwas Avocadocreme bestreichen. Mit einem Brötchendeckel abschließen.

Fischsticks

Für 5–6 Stück

1 frisches Fischfilet
(etwa 600 g, z. B. Seelachs, Pangasius)
1 Ei
1 EL fein gehackter Dill
1 EL Mehl
Butterschmalz oder
Pflanzenöl zum Braten

Zubereitungszeit
20 Minuten

1
Das Fischfilet in 3–4 cm breite Streifen schneiden.

2
Das Ei in einer kleinen Schüssel mit einer Gabel verquirlen. Den gehackten Dill und 1 TL Salz zugeben und gut verrühren.

3
Das Mehl auf einen Teller geben und die Fischfilets darin wenden, überschüssiges Mehl abklopfen. Anschließend in die Ei-Dill-Mischung tauchen.

4
Butterschmalz oder Pflanzenöl in einer Pfanne leicht bis mittelstark erhitzen. Die Fischsticks hineinlegen und von jeder Seite 4–5 Minuten braten.

Tipp

Wir mögen die Sticks am liebsten mit klassischen Salzkartoffeln oder einem frischen grünen Salat.

Kabeljau in Backpapier mit Spinat & Tomaten

Für 4 Portionen

700 g Kabeljaufilet
20 Kirschtomaten
4 große Handvoll Blattspinat
2 Knoblauchzehen
1 Bio-Zitrone

4 Stücke Backpapier
Küchengarn

Zubereitungszeit
10 Minuten,
plus 15–20 Minuten Backen

Dieses Gericht serviere ich gerne, wenn Gäste kommen. Es sieht nicht nur hübsch aus, sondern geht auch echt schnell. Viel mehr als ein gutes Baguette oder etwas Basmatireis braucht es dazu nicht. Und wenn einem nach dem Öffnen der Päckchen der köstliche Knoblauchduft in die Nase steigt, gibt es kein Halten mehr …

1
Den Backofen auf 180 °C vorheizen. Das Kabeljaufilet in vier gleich große Stücke teilen. Tomaten und Spinat waschen. Den Spinat gründlich trocken schleudern.

2
Den Knoblauch schälen und in feine Scheiben schneiden. Die Zitrone waschen und ebenfalls in Scheiben schneiden.

3
Das Backpapier auf der Arbeitsfläche ausbreiten. Jeweils 1 Handvoll Spinat auf ein Stück Backpapier legen und einige Knoblauchscheiben darunterschieben. Je 1 Kabeljaufilet darauflegen und jeweils 5 Kirschtomaten dazugeben.

4
Je 2 Zitronenscheiben auf den Fisch legen, mit Salz und Pfeffer würzen und das Backpapier mithilfe des Küchengarns zu kleinen Päckchen schnüren.

5
Die Fischpäckchen im Ofen 15–20 Minuten garen.

Info

Kabeljau ist eine ganz hervorragende Quelle für Jod und Eiweiß, die Ihren Kindern im Hinblick auf die körperliche und geistige Entwicklung besonders gut tun. Zusammen mit dem Spinat, der Vitamine und Mineralien beisteuert, wird's eine richtig gute Kombi.

Tipp

Noch fettarmer werden die Nuggets, wenn Sie das Öl mit einer Zerstäuberflasche aufsprühen. Als Beilage dazu passt am besten ein grüner Salat mit viel knackigem Gemüse darin.

Chicken Nuggets

Für etwa 30 Stück

400 g Hähnchenbrustfilet
40 g Parmesan
½ Zwiebel
1 Knoblauchzehe
60 g Paniermehl
1 TL Paprikapulver edelsüß
50 g Mehl
2 Eier
Pflanzenöl zum Beträufeln

Zubereitungszeit
20 Minuten,
plus 20 Minuten Backen

1

Den Backofen auf 190 °C (Umluft) vorheizen. Das Hähnchenbrustfilet in Würfel von etwa 3 × 3 cm schneiden und beiseitestellen. Den Parmesan grob reiben.

2

Zwiebel und Knoblauch schälen und etwa 1 Minute in der Küchenmaschine mixen. Parmesan, Paniermehl, Paprikapulver, ½ TL Salz und reichlich Pfeffer hinzugeben. 2–3 Minuten mixen, dann in einen tiefen Teller geben. Mehl und verquirlte Eier ebenfalls in je einen tiefen Teller geben.

3

Die Fleischwürfel zuerst mit etwas Mehl bestäuben, anschließend durch das Ei ziehen und zum Schluss im Paniermehl wälzen.

4

Die Nuggets auf einem mit Backpapier ausgelegten Backblech verteilen und mit etwas Öl beträufeln. Im Ofen etwa 20 Minuten goldbraun backen.

Zitronenhühnchen

Für 4 Portionen

2 Bio-Zitronen
2 Knoblauchzehen
4 Rosmarinzweige
4 Hähnchenbrustfilets
4 TL Olivenöl

Zubereitungszeit
30 Minuten

Fast jedes Kind mag Hühnchenfleisch. Und wenn es dann noch so einfach zuzubereiten und dabei so aromatisch ist, wird es zu einem tollen Abendessen während der Woche, dessen Reste auch am nächsten Tag kalt noch schmecken oder sich prima für Chicken-Quesadillas eignen (s. S. 91).

1

Den Backofen auf 190 °C (Umluft) vorheizen. Die Zitronen waschen und in Scheiben schneiden. Den Knoblauch schälen und ebenfalls in Scheiben schneiden. Beides in einer ofenfesten Form verteilen.

2

Die Rosmarinzweige waschen, gut trocken schütteln und in die Form geben. Die Hähnchenbrustfilets darauflegen. Die Aromen der Zitrone, des Knoblauchs und des Rosmarins können auf diese Weise direkt ins Fleisch ziehen.

3

Je 1 TL Öl auf die Filets geben und mit Salz und Pfeffer würzen. Das Hühnchenfleisch im Ofen 20–22 Minuten garen.

Tipp

Zusammen mit Rosmarinkartoffeln und einer Schüssel grünem Salat wird daraus eine ganze Mahlzeit. Auch mit Feta überbacken schmeckt das Huhn köstlich. Dann brauchen wir nichts als ein frisches Baguette dazu – oder Reis, wenn es glutenfrei bleiben soll.

Chicken-Quesadilla

Für 4 Stück

4 gegarte Hähnchenbrustfilets vom Zitronenhühnchen (s.S. 89)
2 Zwiebeln
4 rote Paprikaschoten
4 EL Olivenöl
8 Weizentortillas (Fertigprodukt)
8 Handvoll geriebener Käse (Gouda oder Cheddar)
Guacamole (s.S. 111, nach Belieben)
2 Handvoll Korianderblättchen (nach Belieben)

Zubereitungszeit
30 Minuten,
plus 30 Minuten Vorbereitung Zitronenhühnchen

Tipp

Wer es noch reichhaltiger mag, reicht einen Dip aus saurer Sahne dazu. Koriander schmeckt nicht jedem – Sie können ihn weglassen oder durch Schnittlauch oder Petersilie ersetzen.

Geschmolzener Käse, zitroniges Hühnchen und der frische Geschmack von Guacamole – da kommt Urlaubsfeeling auf. Ob Groß oder Klein, mit diesen warmen Teigtaschen macht man alle glücklich.

1

Das fertig gegarte Hähnchenbrustfilet mit einer Gabel in Stücke zupfen. Die Zwiebeln schälen, die Paprikaschoten waschen und entkernen. Zwiebeln und Paprika in feine Streifen schneiden.

2

Das Öl in einer Pfanne erhitzen und Zwiebel sowie Paprika 2 Minuten darin anbraten, mit Salz und Pfeffer würzen und anschließend beiseitestellen.

3

Jeweils 1 Tortilla in eine zweite trockene Pfanne legen, etwa 20 Sekunden erwärmen und wenden. Mit einem Viertel des Käses bestreuen. Dann ein Viertel des Fleisches und der Paprika-Zwiebel-Mischung gleichmäßig darauf verteilen und mit einem weiteren Viertel Käse bestreuen. Eine zweite Tortilla darauflegen und 1–2 Minuten abwarten. Sobald der Käse geschmolzen ist, die Tortilla wenden und nochmals 1–2 Minuten braten. Mit den restlichen Tortillas ebenso verfahren.

4

Die fertigen Tortillas kurz stehen lassen, dann in Kuchenstücke schneiden. Nach Belieben mit Koriander bestreuen und mit Guacamole servieren.

Hackfleisch-Käse-Bällchen aus dem Ofen

Für etwa 12 Stück (3–4 Portionen)

Für die Tomatensauce
1 kleine Zwiebel
1 Knoblauchzehe
Olivenöl
400 ml passierte Tomaten

Für die Hackfleisch-Käse-Bällchen
400 g Rinderhackfleisch
1 Ei
3 EL Semmelbrösel
1 TL getrocknete Kräuter
(z. B. Kräuter der Provence)
1 TL Paprikapulver
1 TL Tomatenmark
60–70 g Käse nach Wunsch
(z. B. Feta oder Gouda)
Butterschmalz oder Pflanzenöl
3 EL geriebener Gouda

Zubereitungszeit
20 Minuten,
plus 15–20 Minuten Backen

1

Für die Tomatensauce die Zwiebel schälen und eine Hälfte in kleine Würfel schneiden. Die zweite Hälfte für die Hackfleischbällchen beiseitelegen. Den Knoblauch schälen und durch eine Knoblauchpresse drücken.

2

Etwas Olivenöl in einer Pfanne erhitzen und die Zwiebel darin glasig anschwitzen. Den Knoblauch zugeben und 1 Minute mitbraten. Mit den passierten Tomaten ablöschen, mit Salz und Pfeffer würzen und bei schwacher Hitze etwas einköcheln lassen. Den Backofen auf 180 °C (Umluft) vorheizen.

3

Für die Fleischbällchen die restliche Zwiebelhälfte in sehr feine Würfel schneiden und mit dem Hackfleisch in eine Schüssel geben. Dann Ei, Semmelbrösel, Kräuter, Paprikapulver, Tomatenmark sowie etwas Salz und Pfeffer dazugeben und alles gut vermengen, am besten mit den Händen. Den Käse in kleine Würfel schneiden.

4

Etwa 1–2 gehäufte EL Hackfleischmasse abnehmen und mit den Händen zu einer Kugel rollen. In die Mitte eine Mulde drücken, 1–2 Käsewürfel hineinlegen und wieder zu einer geschlossenen Kugel zusammenrollen. Diesen Vorgang wiederholen, bis das Hackfleisch aufgebraucht ist.

5

Etwas Butterschmalz oder Pflanzenöl in einer Pfanne erhitzen und die Fleischbällchen darin rundum kurz und scharf anbraten. Die vorgebratenen Bällchen in einer ofenfesten Form verteilen, die Tomatensauce darübergeben und mit dem geriebenen Gouda bestreuen. Im Ofen 15–20 Minuten backen, bis die Bällchen gar sind und der Käse eine goldbraune Farbe angenommen hat. Nach Belieben mit Baguette und einem grünen Salat servieren.

Tipp

Kinder können bei diesem Rezept toll mithelfen. Flynn mag es besonders gerne, die Hackfleischmasse mit den Händen zu verkneten. So kann man auch kleinere Kinder schon mit in der Küche einbinden.

Schweinefiletspieße mit Mangosalsa

Für 4 Stück

500 g Schweinefilet
1 Mango
1 Stück Ingwer (0,5 cm)
1 EL fein gehackte rote Zwiebel
½ Chilischote (nach Belieben)
1 TL Weißweinessig
1 EL brauner Zucker
Butterschmalz oder Pflanzenöl zum Braten

Holzspieße

Zubereitungszeit
25 Minuten

Jetzt wird es karibisch. Diese Spieße sind superschnell gemacht und so vielseitig einsetzbar: entweder als Snack gegen den kleinen Hunger oder aber als Vorspeise vor dem Dinner mit Familie oder Freunden. Mit der Chilimenge sollten Sie vorsichtig sein – wenn sehr kleine Kinder mitessen, verzichten Sie besser darauf.

1
Das Schweinefilet in gleichmäßig dicke Scheiben schneiden und etwa drei Stücke auf je einen Holzspieß stecken.

2
Für die Salsa die Mango schälen, entkernen und das Fruchtfleisch in sehr kleine Würfel schneiden, wenn nötig etwas hacken. Den Ingwer schälen und ebenfalls in kleine Würfel schneiden. Beides mit den restlichen Zutaten, bis auf Butterschmalz oder Pflanzenöl, in einen kleinen Topf geben und 2–3 Minuten einköcheln lassen.

3
Etwas Butterschmalz oder Pflanzenöl in einer Pfanne erhitzen und die Fleischspieße von beiden Seiten 3–5 Minuten goldbraun anbraten.

4
Pro Person zwei Spieße auf Tellern anrichten und mit der Mangosalsa zum Dippen servieren. Dazu als Sättigungsbeilage Basmatireis reichen.

Tipp

Übrig gebliebene Spieße und Salsa können am nächsten Tag wunderbar zweckentfremdet werden, nämlich als Belag für ein exotisches Mittagssandwich. Fleischstücke und Salsa darauflegen und vielleicht noch durch frische Salatblätter ergänzen.

Snacks

Den Energietiefs während des Tages mit gesunden Snacks zu Leibe rücken? Das geht leichter, als man denkt, und bringt richtig Abwechslung.

Bananen-Erdnuss-butter-Sticks

Für 8 Stück

1–2 Bananen
2 EL Erdnussbutter (s. S. 145)
20 g Zartbitterschokolade
1 Handvoll ungesalzene Erdnüsse

8 Zahnstocher

Zubereitungszeit
25 Minuten

Diese Sticks sind ein Traum! Sie gehen fix und sind die perfekte Nascherei, wenn am Nachmittag der süße Hunger kommt und man nicht zum üblichen Schokoriegel greifen will. Noch dazu lieben es die Kinder, wenn sie beim Aufträufeln der Schokolade mal ganz offiziell »Schweinerei« machen dürfen.

1

Die Bananen schälen und in 16 Scheiben schneiden. Die Hälfte mit Erdnussbutter bestreichen, mit einer Bananenscheibe belegen und einen Zahnstocher in die Mitte stecken. Etwa 15 Minuten tiefkühlen.

2

Die Schokolade hacken und über einem Wasserbad schmelzen. Die Erdnüsse ebenfalls hacken.

3

Die Bananen mit der Schokolade beträufeln und die Erdnüsse darauf verteilen. Nochmals für einige Minuten in den Kühlschrank stellen, dann kalt genießen.

Mini-Pancake-Fruchtspieße

Für etwa 20 Stück

180 g Mehl
1 TL Backpulver
1 EL brauner Zucker
1 Ei
200 ml Buttermilch
Butterschmalz oder Pflanzenöl
Beeren nach Wunsch

Holzspieße

Zubereitungszeit
30 Minuten

Diese kleinen Spieße bereiten einfach jedem Kind Freude. Durch sie wird nicht nur ein normales Frühstück zu einem kleinen Erlebnis, sie machen sich auch super auf dem Geburtstagstisch oder in der Lunchbox.

1

Mehl, Backpulver, Zucker, Ei und Buttermilch gut verrühren. Etwas Butterschmalz oder Pflanzenöl in einer Pfanne erhitzen und pro Pancake etwa 1 EL des Teiges in die Pfanne geben. Sobald sich Blasen auf dem Teig bilden, den Pancake wenden. Diesen Vorgang wiederholen, bis der gesamte Teig verbraucht ist.

2

Die Beeren waschen und gegebenenfalls putzen, dann die Pancakes mit dem Obst auf Spieße stecken. Nach Belieben mit Ahornsirup servieren.

Granola Bars

Für etwa 20 Stück

100 g Kokosöl
300 g Haferflocken
30 g Vollkornmehl
50 g Kokosraspel
60 g Muscovadozucker
200 g Honig
100 g Cranberrys
50 g Sonnenblumenkerne
50 g Kürbiskerne
50 g Schokodrops

Zubereitungszeit
10 Minuten, plus 20 Minuten Backen

Von diesen Riegeln hab ich immer ein paar vorrätig. Sie eignen sich als schnelles Frühstück auf die Hand, als Snack zwischendurch oder einfach, wenn man Lust auf eine gesunde Nascherei hat. Am besten lagert man sie in einem luftdichten Gefäß mit jeweils einem Stück Backpapier dazwischen, so kleben sie nicht zusammen.

1

Den Backofen auf 180 °C (Umluft) vorheizen. Das Öl in einem kleinen Topf schmelzen. In einer großen Schüssel alle Zutaten vermengen und anschließend in eine eckige ofenfeste Form geben.

2

Die Masse mit einem Löffel gleichmäßig verteilen, fest andrücken und im Ofen etwa 20 Minuten backen, zwischendurch immer wieder prüfen, denn sie wird schnell zu dunkel. Aus dem Ofen nehmen, gut abkühlen lassen und in Riegel schneiden.

Energy Balls Erdnuss-Schokolade

Für etwa 20 Stück

30 g ungesalzene Erdnüsse
200 g entsteinte Medjool-Datteln
3 EL Erdnussbutter (s. S. 145)
50 g Haferflocken
1 EL Rohkakaopulver

Zubereitungszeit
15 Minuten

Wer braucht schon Pralinen, wenn er diese kleinen runden Energiespender haben kann? Sie stecken voller gesunder Sachen und schmecken wunderbar schokoladig. Danach schlecken sich nicht nur die Großen die Finger.

1

Die Erdnüsse in einen leistungsstarken Mixer geben und nur kurz (!) grob zerkleinern. Die restlichen Zutaten mit 1 Prise Salz dazugeben und mixen, bis alles zu einer festen, klebrigen Masse geworden ist.

2

Aus der Masse mit den Händen kleine Kugeln formen, diese in eine luftdicht verschließbare Box geben und im Kühlschrank aufbewahren. Dort sind sie 1–2 Wochen haltbar.

Zahn-Cookies

Für 16–18 Stück

300 g Dinkelmehl
½ TL Backpulver
1 Banane
1 Ei
2 EL Apfelmus (zuckerfrei)

Zubereitungszeit
10 Minuten,
plus 30–40 Minuten Backen

Jeder, der ein Baby hat, kennt es: Die Zeit, in der neue Zähne durchbrechen, ist besonders hart – für die Kleinen und auch für die Eltern. Diese Kekse sind eine tolle Alternative zu Beißringen & Co.: Das Baby kann sie bequem in die Hand nehmen und dank ihrer harten Konsistenz mildern sie die Beschwerden.

1
Den Backofen auf 180 °C (Umluft) vorheizen. Das Dinkelmehl mit dem Backpulver in einer Schüssel mischen. Die Banane schälen und zerquetschen.

2
Die restlichen Zutaten zugeben, gut verrühren und den Teig mit den Händen zusätzlich etwas durchkneten.

3
Etwa 1 EL Teig abnehmen, zu einer Kugel rollen und anschließend in eine längliche Form bringen, sodass ein Baby die Kekse gut halten kann.

4
Die Teigstücke auf einem mit Backpapier ausgelegten Backblech verteilen und im Ofen 30–40 Minuten backen. Gut auskühlen lassen.

Tipp

Wer den Geschmack ein bisschen variieren möchte, kann anstelle des Apfelmuses auch ein anderes Fruchtpüree verwenden.

Gefüllte Datteln mit Nussmus

Für 6 Stück

6 große Medjool-Datteln
4 EL Nussmus (z.B. Cashew, Mandel, Haselnuss)
Kerne, Nüsse, Hanfsamen,
gepuffter Amarant zum Bestreuen

Zubereitungszeit
10 Minuten

Die Datteln halbieren, entsteinen, mit 1 Klecks Nussmus füllen und nach Belieben mit Kernen, Nüssen, Hanfsamen oder Amarant bestreuen.

Bananen-gespenster

Für 4 Stück

2 Bananen
12 Schokodrops

Zubereitungszeit
5 Minuten

Die Bananen schälen, halbieren und aus den Schokodrops Augen und Mund hineinstecken. Mit der Schnittseite nach unten aufstellen.

Erdbeermännchen

Für etwa 25 Stück

150 g Sahne
250 g Erdbeeren
Schokodrops

Zubereitungszeit
15 Minuten

Die Sahne steif schlagen. Die Erdbeeren waschen, den grünen Strunk mit etwas Fruchtfleisch abschneiden, beiseitelegen. Die Erdbeerspitzen abschneiden, sodass die Früchte stehen können. 1 TL Sahne auf jede Erdbeere geben, den grünen Strunk aufsetzen und 2 Schokodrops als Augen in der Sahne platzieren.

Blaubeer-Froyo-Happen

Für etwa 16 Stück

150 g Joghurt
100 g Blaubeeren
Honig (nach Belieben; für Babys weglassen)

kurze Holzstiele oder Strohhalme

Zubereitungszeit
5 Minuten,
plus 3 Stunden Gefrieren

Alle Zutaten in einem Mixer pürieren. In Eiswürfelformen füllen und 30 Minuten anfrieren. Kurze Holzstiele oder Strohhalme als Griff in jede Form stecken. Mindestens 3 Stunden gefrieren lassen.

Projekt Brotbox

Energy Balls
(s.S. 101)

Avocadobrot
(s.S. 36–37)

Apfelmuffin
(s.S. 126)

Hummus mit
Möhren
und Weintrauben
(s.S. 108)

Wenn man morgens die Brotbox für den Tag seiner Kinder befüllen soll, gehen einem manchmal die Ideen aus und man neigt dazu, immer dieselben Brote zu verpacken. Dabei gibt es viele Möglichkeiten und eine ausgewogene, vielfältige Ernährung in den Pausen ist nicht nur wichtig für den anstrengenden Schul- oder Kitaalltag der Kinder, sondern sorgt auch für Spaß und Freude beim Essen. Viele der Rezepte in diesem Buch sind auch für die Brotbox geeignet – es muss ja nicht immer nur Brot hinein.

Im Prinzip ist es gar nicht kompliziert, wenn man einfach darauf achtet, folgende Lebensmittelgruppen zu berücksichtigen – dann kann eigentlich nichts mehr schiefgehen. Das gehört in eine ausgewogene Brotbox:

- Kohlenhydrate, z.B. Brot, Nudeln, Reis
- Proteine, z.B. Hülsenfrüchte, Käse, Fleisch
- Obst
- Gemüse
- Optional: süßer Snack

Klassisches Hummus

Für 300 g

250 g Kichererbsen (aus der Dose)
1 EL Tahin
4 EL Olivenöl
Saft von ½ Zitrone

Zubereitungszeit
5 Minuten

Alle Zutaten mit 4 EL Wasser sowie etwas Salz und Pfeffer in einen Mixer geben und zu einer cremigen Masse verarbeiten.

Info

Die Kichererbse hat nicht nur einen lustigen Namen, sondern in Sachen Nähr- und Vitalstoffen echt was auf dem Kasten: Die Hülsenfrucht versorgt uns nicht nur mit Folsäure, Eisen, Zink und B-Vitaminen, dank ihrer Ballaststoffe wirkt sie sich auch positiv auf die Verdauung aus.
Wer möchte, kann das Hummus übrigens auch mit einer Knoblauchzehe und etwas Bio-Zitronenschale verfeinern.

Möhren-Hummus mit Pitachips

Für 6 Portionen

3 Weizentortillas (Fertigprodukt)
4 EL Pflanzenöl
etwas Paprikapulver
4 große Möhren
3 EL Olivenöl, plus etwas zum Beträufeln
250 g Kichererbsen (aus der Dose)
1 EL Tahin
Saft von ½ Zitrone

Zubereitungszeit
30 Minuten

1
Für die Pitachips die Weizentortillas in zwölf gleich große »Tortenstücke« schneiden. Das Pflanzenöl in einer Pfanne erhitzen. Die Tortillastücke von beiden Seiten goldbraun braten und mit etwas Paprikapulver und Salz würzen. Auf Küchenpapier abkühlen lassen.

2
Für das Möhren-Hummus den Backofen auf 180 °C (Umluft) vorheizen. Die Möhren in Scheiben schneiden, in eine ofenfeste Form geben, mit etwas Olivenöl beträufeln und im Ofen etwa 20 Minuten garen. Die Kichererbsen in ein Sieb abgießen und gut abspülen.

3
Möhren und Kichererbsen mit den restlichen Zutaten, etwas Salz und Pfeffer sowie 10 EL Wasser in einen Mixer geben und pürieren, bis ein cremiges Mus entstanden ist. Das Hummus mit den Pitachips servieren.

Guacamole

Für 2 Portionen

1 rote Zwiebel
1 kleine Knoblauchzehe
2 reife Avocados (am besten Hass)
Saft von ½ Limette

Zubereitungszeit
5 Minuten

Diese grüne Creme ist ein echter Allrounder und aus meinem Kochrepertoire nicht mehr wegzudenken. Ob als herzhafte Füllung, Dip zu Gemüsesticks, Brotaufstrich und noch vieles mehr – sie ist flott gemacht und noch flotter aufgegessen.

1

Die Zwiebel schälen und in sehr feine Würfel schneiden. Den Knoblauch schälen und durch eine Knoblauchpresse drücken. Die Avocados halbieren, entsteinen und das Fruchtfleisch mit einem Löffel herauslösen.

2

Das Avocadofruchtfleisch mit Zwiebel, Knoblauch, Limettensaft sowie etwas Salz und Pfeffer in eine Schüssel geben und mit einer Gabel vermengen.

Tipp

Eine gehackte Tomate unterziehen und die Creme wird noch etwas frischer. Essen mal nur die Großen mit, macht sich auch eine klein gehackte rote Chilischote gut darin.

Grilled Cheese

Für 2 Stück

4 Scheiben Brot
(z.B. Buchweizenbrot)
4 EL Butter
2–4 Scheiben Gouda

Zubereitungszeit
5 Minuten

Gibt es eigentlich etwas Besseres als Brot mit geschmolzenem Käse? Ich glaube kaum! Dieses Rezept ist so simpel wie lecker und bei knapper Zeit und großem Hunger schnell mal aus dem Hut gezaubert.

1

Die Brotscheiben mit jeweils 1 EL Butter bestreichen.

2

Eine Pfanne erhitzen und 2 Brotscheiben mit der Butterseite nach unten in die Pfanne legen.
Je 1–2 Käsescheiben darauflegen und mit einer zweiten Brotscheibe – die Butterseite zeigt dieses Mal nach oben – abschließen.

3

Nach etwa 2 Minuten die Brote wenden und die andere Seite nochmals für 2 Minuten rösten.

Tipp

Variieren Sie hier mal die Käsesorten. Ich mag zum Beispiel auch Gruyère oder Cheddar. Für die Erwachsenen schmecken auch geröstete Zwiebeln oder Jalapeños zwischen den Scheiben köstlich.

Zucchini-Bites

Für etwa 9 Stück

Butter für die Form
1 große Zucchini
1 kleines Bund Petersilie
1 kleines Bund Schnittlauch
50 g Cheddar
50 g Semmelbrösel
2 Eier

Muffinblech

Zubereitungszeit
15 Minuten,
plus 20–22 Minuten Backen

Auch diese saftigen kleinen Dinger sind mal wieder der Beweis für »Gut versteckt ist halb gewonnen« – Kinder, die Zucchini im Normalfall unter der Kategorie »Bäh« abgespeichert haben, werden Ihnen diese Küchlein mit Sicherheit aus der Hand reißen.

1

Den Backofen auf 180 °C (Umluft) vorheizen und das Muffinblech einfetten. Die Zucchini waschen, reiben und die Flüssigkeit gut mit den Händen ausdrücken. Die Zucchini sollte fast trocken sein.

2

Petersilie und Schnittlauch waschen und fein hacken. Den Cheddar reiben. Alle Zutaten mit 1 Prise Salz in einer großen Schüssel gut vermengen.

3

Etwa 1 EL der Masse mit den Händen zu einer Kugel formen und jeweils in die Mulden der Form legen. Diesen Vorgang wiederholen, bis der Teig aufgebraucht ist. Die Zucchini-Bites im Ofen 20–22 Minuten goldbraun backen. Herausnehmen und etwa 10 Minuten ruhen lassen – die Bites schmecken warm oder kalt.

Tipp

Die Bites sind nicht nur ein tolles Mittag- oder Abendessen, sondern auch prima für unterwegs geeignet. Ab in die Lunchbox für die Schule oder auch als Snack auf dem Spielplatz oder bei langen Reisen.

Süßes

Künstliche Süßigkeiten, die Kopf und Bauch verkleben? Nicht mit uns! Diese Rezepte befriedigen süße Gelüste und machen fit.

Avocado-Schoko-Mousse

Für 4 Portionen

100 g Zartbitterschokolade
2 reife Avocados
1 EL Rohkakaopulver
1 TL gemahlene Vanille
1 EL Ahornsirup
50 ml Milch
(Kuh- oder Pflanzenmilch, s. S. 148/149)
frische Himbeeren

Zubereitungszeit
15 Minuten,
plus 1 Stunde Kühlen

Zuerst war ich ja beim Gedanken an Avocado im Dessert etwas skeptisch. Aber als ich es dann getestet habe, war es schnell um mich geschehen. Von wegen fettig und schwer – diese Mousse ist fluffig, schokoladig und einzig eine echte »Bombe« an gesunden Inhaltsstoffen.

1
Die Schokolade über einem Wasserbad schmelzen.

2
Die Avocados halbieren, entkernen und das Fruchtfleisch mit einem Löffel herauslösen.

3
Alle Zutaten – bis auf die Himbeeren – in einen Mixer geben und zu einer cremigen Schokoladenmousse pürieren.

4
In Schälchen füllen und 1–2 Stunden in den Kühlschrank stellen. Danach herausnehmen und mit Himbeeren bestreut servieren.

Tipp

Noch besonderer – aber natürlich auch kalorienhaltiger – wird dieses Dessert, wenn man es mit Sahne verziert und mit geraspelter Schokolade oder auch Nüssen bestreut. Natürlich können auch die Früchte variiert werden. Lecker ist die Kombi Schoko-Pfirsich.

Tipp

Achtung, für die Babys unbedingt den Honig weglassen, da die enthaltenen Bakterien gefährlich für die Allerkleinsten sein können.

Mango-Blaubeer-Joghurt mit Hirseflocken

Für 2 Portionen

270 g Joghurt
3 EL Hirseflocken
1 EL Honig (nach Belieben, siehe Tipp)
½ Mango
2 Handvoll Blaubeeren

Zubereitungszeit
10 Minuten

1
Den Joghurt mit Hirseflocken und nach Belieben Honig verrühren. Die Mischung für mindestens 5 Minuten ziehen lassen.

2
Die Mango schälen, entsteinen und das Fruchtfleisch in kleine Würfel schneiden.

3
Für den Babybrei: Die Hälfte von Obst und Joghurt abnehmen und mit einem Stabmixer fein pürieren.

4
Mango und Blaubeeren abwechselnd mit dem Hirsejoghurt in ein Glas schichten.

Zitronen-Joghurt-Gugl

Für 1 Kastenform (24 cm)
oder 12 Mini-Gugelhupfe

Für den Kuchen
220 g Mehl
1 TL Backpulver
100 g Butter, plus Butter für die Form
100 g Zucker
1 Päckchen Vanillezucker
(oder 8 g selbst gemachter, s. S. 126)
3 Eier
250 g griechischer Joghurt
abgeriebene Schale und Saft
von 1 Bio-Zitrone

Für den Zuckerguss
150 g Puderzucker
3 EL Zitronensaft

Zum Garnieren
1 Handvoll gehackte Pistazienkerne
Beeren (nach Belieben)

Zubereitungszeit
20 Minuten,
plus 20–45 Minuten Backen

Dieser Kuchen schmeckt wie Sommer auf dem Teller. Zitronen geben ihm seine herrliche Frische und der griechische Joghurt steuert Saftigkeit bei. Besonders bei den Kleinen ist der Kuchen in Form von Mini-Gugelhupfen äußerst beliebt.

1

Den Backofen auf 180 °C (Umluft) vorheizen. Die Form einfetten. Das Mehl mit dem Backpulver in einer Schüssel mischen. Die Butter in einem kleinen Topf schmelzen.

2

Zucker, Vanillezucker, Eier, Joghurt, geschmolzene Butter sowie Zitronenschale und -saft in einer zweiten Schüssel verrühren. Das Mehl portionsweise dazugeben und weiterrühren, bis ein glatter Teig entstanden ist.

3

Den Teig in die Kastenform oder die Mini-Guglhupfformen geben. Den Kuchen in der großen Form etwa 45 Minuten backen, in den kleinen Formen dauert es etwa 20 Minuten. Zum Testen: Bleibt an einem hineingesteckten Holzstäbchen kein Teig mehr haften, ist der Kuchen fertig.

4

Den Kuchen abkühlen lassen und in der Zwischenzeit für den Zuckerguss Puderzucker, Zitronensaft und 3 EL Wasser verrühren.

5

Den Guss auf dem abgekühlten Kuchen verteilen und nach Lust und Laune mit Pistazien und frischen Beeren verzieren.

Tipp

Bei diesem Rezept können die Kleinen super mithelfen – zum Beispiel beim Bestreichen mit Zuckerguss und dem Verzieren mit Pistazien und Beeren.

Tipp

Wer möchte, nimmt einfach gepuffte Quinoa statt Amarant. Die Kekse eignen sich auch super, um daraus Eis-Sandwiches zu machen. Dazu einfach etwas Eiscreme zwischen zwei Kekse streichen.

Amarant-Cookies

Für 20 Stück

50 g gepuffter Amarant
300 g Vollkornmehl
2 TL Backpulver
160 g weiche Butter
100 g Muscovadozucker
Mark von 1 Vanilleschote
3 Eier
200 g Schokolade (nach Wunsch: weiß, zartbitter oder Vollmilch)

Zubereitungszeit
20 Minuten,
plus 12 Minuten Backen

1

Den Backofen auf 180 °C (Umluft) vorheizen. Den Amarant mit Mehl und Backpulver mischen.

2

Die Butter mit Zucker und Vanillemark schaumig rühren. Die Eier dazugeben und verrühren. Die Amarant-Mehl-Mischung portionsweise zufügen und weiterrühren, bis ein glatter Teig entstanden ist. Die Schokolade grob hacken und unter den Teig heben.

3

Gleich große Teigkugeln abnehmen und auf ein mit Backpapier ausgelegtes Backblech setzen. Dazwischen genug Abstand lassen, da die Kekse beim Backen auseinanderlaufen.

4

Die Kekse im Ofen etwa 12 Minuten goldbraun backen. Kurz abkühlen lassen, erst dann vom Blech nehmen und auf einem Kuchengitter vollständig auskühlen lassen.

Apfelmuffins

Für 12 Stück

Butter für die Form
260 g Vollkornmehl
½ Päckchen Backpulver
1 TL gemahlener Zimt
1 Päckchen Vanillezucker
(oder 8 g selbst gemachter, siehe Tipp)
4 EL Kokosöl
100 g Honig
2 Eier
200 g griechischer Joghurt
2 Äpfel

Muffinblech

Zubereitungszeit
25 Minuten,
plus 18 Minuten Backen

Diese Muffins sind der perfekte Snack am Nachmittag. Ohne Kristallzucker und Butter, dafür aber mit Vollkornmehl sind sie darüber hinaus gesund und liefern neue Energie für den Rest des Tages.

1

Den Backofen auf 190 °C (Umluft) vorheizen. Das Muffinblech einfetten. Das Mehl mit Backpulver, Zimt und Vanillezucker mischen.

2

Das Öl in einem kleinen Topf schmelzen und mit Honig, Eiern und Joghurt verrühren. Die Mehlmischung mit den flüssigen Zutaten zu einem Teig verrühren.

3

Die Äpfel waschen und einen davon mit einer groben Reibe reiben, den zweiten in kleine Würfel schneiden.

4

Die Äpfel unter den Teig rühren und die Mulden des Muffinbleches je zu zwei Dritteln damit füllen. Im Ofen etwa 18 Minuten backen. Die Stäbchenprobe machen: Bleibt an einem hineingesteckten Holzstäbchen kein Teig mehr haften, sind die Muffins fertig. Bei Bedarf einfach noch etwas länger backen.

Tipp

Für selbst gemachten Vanillezucker geben Sie einfach ausgekratzte Vanilleschoten in ein Schraubglas mit weißem oder braunem Zucker – auf 200 g Zucker nehme ich etwa 1 Schote.

Tipp

Für zusätzlichen »Crunch« hebt man einfach ein paar gehackte Nüsse (zum Beispiel Mandeln oder Walnüsse) unter den Teig.

Zucchini-Schokoladen-Brot

Für 1 Kastenform (24 cm)

180 g Zucchini
250 g Mehl
1 TL Backpulver
30 g Rohkakaopulver
1 TL gemahlener Zimt
110 g Butter, plus Butter für die Form
110 g Muscovadozucker
3 Eier
30 g Schokoladendrops

Zubereitungszeit
15 Minuten,
plus 40 Minuten Backen

Dieser Kuchen ist unwahrscheinlich saftig – und das tagelang! Und niemand wird vermuten, dass dafür die Zucchini verantwortlich ist. Schmecken tut man sie kaum, aber sie verleiht dem Kuchen dennoch eine ganz besondere Note.

1
Den Backofen auf 180 °C (Umluft) vorheizen. Die Form einfetten oder mit Backpapier auslegen.

2
Die Zucchini reiben. Mehl, Backpulver, Kakaopulver und Zimt in einer Schüssel mischen.

3
Die Butter schmelzen und in einer zweiten Schüssel mit Zucker und Eiern verrühren. Dann die Mehlmischung dazugeben und gut vermengen. Zucchiniraspel und Schokoladendrops unter den Teig heben.

4
Den Teig in die Form geben und im Ofen etwa 40 Minuten backen. Die Stäbchenprobe machen: Bleibt an einem hineingesteckten Holzstäbchen kein Teig mehr haften, ist der Kuchen fertig. Bei Bedarf einfach noch etwas länger backen.

Info

Die Zucchini ist aufgrund ihres relativ neutralen Eigengeschmacks ein unauffälliger Gast in diesem Rezept – ganz nebenbei steuert sie aber eine Extraportion Ballaststoffe, Kalium, Natrium und Kalzium bei. So können die Kleinen naschen und gleichzeitig die Nährstoffvorräte auffüllen.

hAPPy BIRTh

Tipp

Die Verzierung ist supereinfach gemacht und kann auch vorbereitet werden. So spart man sich während des Festes ein wenig Stress. Am besten die Böden am Vorabend backen. Dann können sie über Nacht richtig auskühlen, bevor man sie mit dem Messer längs teilt. Dann nur noch mit der Creme bestreichen und verzieren. Und sollte von der leckeren Torte tatsächlich etwas übrig bleiben, hält sie sich im Kühlschrank 2–3 Tage.

Carrot-Cake-Cupcakes

Für 10 Stück

Für den Kuchen
Butter für die Form
350 g Möhren
50 g Walnüsse
180 g Mehl
50 g Zucker
1 TL Backpulver
1 TL gemahlener Zimt
100 g Kokosöl
2 Eier

Für das Frosting
150 g Frischkäse
40 g Butter
80 g Puderzucker

Zuckerstreusel (nach Belieben)
Muffinblech
Spritzbeutel mit Tülle

Zubereitungszeit
25 Minuten,
plus 13 Minuten Backen

Mit diesen kleinen Carrot-Cake-Cupcakes macht man sich garantiert Freunde und jeden Geburtstagstisch ein bisschen schöner. Farbige Förmchen und bunte Streusel geben den saftigen Küchlein mit Frischkäse-Frosting den festlichen Feinschliff.

1
Den Backofen auf 190 °C vorheizen. Das Muffinblech einfetten. Die Möhren schälen und mit einer feinen Reibe raspeln. Die Walnüsse grob hacken.

2
Mehl, Zucker, Backpulver und Zimt in einer Schüssel vermengen. Öl und Eier dazugeben und gut verrühren. Möhren und Nüsse unterheben.

3
Die Masse gleichmäßig auf etwa 10 Mulden des Muffinbleches verteilen, sie sollten zu etwa zwei Dritteln gefüllt sein.

4
Die Muffins etwa 13 Minuten backen. Bleibt an einem hineingesteckten Holzstäbchen kein Teig mehr haften, sind sie fertig. Anschließend gut auskühlen lassen und aus der Form nehmen.

5
In der Zwischenzeit alle Zutaten für das Frosting vermengen, in einen Spritzbeutel füllen und dekorativ auf die Muffins spritzen. Nach Belieben mit Zuckerstreuseln verzieren.

Geburtstagstorte Schoko-Mandel mit Bananen-Mascarpone-Creme

Für 1 Torte

Für den Schoko-Mandel-Boden
200 g Vollmilchschokolade
200 g Zartbitterschokolade
300 g Butter, plus Butter für die Formen
8 Eier
400 g gemahlene Mandeln
8 EL Zucker
2 Päckchen Vanillezucker
(oder 15 g selbst gemachter, s. S. 126)
1 Päckchen Backpulver

Für die Bananen-Mascarpone-Creme
250 g Sahne
2 reife Bananen
500 g Mascarpone
1 Päckchen Vanillezucker
(oder 8 g selbst gemachter, s. S. 126)

Für die Dekoration
mit Schokolade und Zuckerstreusel
verzierte Marshmallows
auf Papierstrohhalmen

2 Springformen à 21 cm ø

Zubereitungszeit
40 Minuten,
plus 40 Minuten Backen

Diese Torte macht viel her und man braucht für die Zubereitung trotzdem keine Konditorenausbildung. Und wenn man bei der Schokolade auf die entsprechenden Produkte achtet, ist sie zudem glutenfrei.

1
Den Backofen auf 170 °C (Umluft) vorheizen. Die Formen einfetten. Für den Boden die Schokolade hacken und mit der Butter über einem Wasserbad schmelzen.

2
Die Eier schaumig schlagen. In einer zweiten Schüssel gemahlene Mandeln, Zucker, Vanillezucker und Backpulver mischen.

3
Die geschmolzene Butter-Schokoladen-Mischung unter Rühren zu den Eiern geben. Die Mandelmischung dazugeben und alles gut vermengen, bis ein glatter Teig entsteht.

4
Jeweils die Hälfte des Teiges in die Formen geben und im Ofen etwa 40 Minuten backen. Bleibt an einem hineingesteckten Holzstäbchen kein Teig mehr haften, sind die Böden fertig. Die Böden gut auskühlen lassen.

5
Für die Creme die Sahne steif schlagen. Die Bananen schälen und pürieren. Den Mascarpone kurz mit dem Vanillezucker aufschlagen und mit dem Bananenmus verrühren. Die Sahne unterheben.

6
Beide Böden mit einem großen Messer horizontal halbieren, sodass vier schmale Böden entstehen. Jeweils ein Viertel der Creme auf einen Tortenboden streichen und übereinanderschichten. Mit einer Schicht Creme abschließen.

Himbeer-Buttermilch-Pop

Für 4–6 Stück

100 g Himbeeren
200 g saure Sahne
60 g Buttermilch
1 Spritzer Limettensaft
1 EL Honig

Eis-Pop-Förmchen

Zubereitungszeit
5 Minuten,
plus 4 Stunden Gefrieren

Für alle Buttermilchliebhaber sind diese Popsicles genau das Richtige – die perfekte leicht säuerliche Erfrischung an einem heißen Sommertag.

Die Himbeeren waschen und mit einer Gabel zerquetschen. Mit den restlichen Zutaten in einer Schüssel mischen und in Eisförmchen füllen. Mindestens 4 Stunden tiefkühlen.

Tipp

Für ein kaltes Dessert einfach Vollkornbutterkekse zerbröseln, in eine mit Frischhaltefolie ausgelegte Form geben und die Eismasse daraufgießen. 4 Stunden tiefkühlen, dann angetaut servieren.

Wassermelonen-Pop

Für 4–6 Stück

300 g Wassermelonenfruchtfleisch, entkernt
1 EL Honig
1 Spritzer Limettensaft
1 Handvoll Schokodrops
4 EL Kokosmilch
1 Kiwi, geschält

Eis-Pop-Förmchen

Zubereitungszeit
15 Minuten,
plus 6 Stunden Gefrieren

Die Zubereitung erfordert etwas mehr Zeit, aber der Aufwand lohnt sich für die strahlenden Augen meines Sohnes allemal.

Wassermelone mit Honig und Limettensaft pürieren. Eisförmchen zu drei Vierteln befüllen, ein paar Schokodrops dazugeben und 2 Stunden tiefkühlen. 1 EL Kokosmilch pro Eis in die Formen füllen, nochmals 2 Stunden tiefkühlen. Die Kiwi pürieren, auf die Eisformen verteilen und wieder 2 Stunden tiefkühlen.

Tipp

Übrige Melone mit etwas Zuckersirup pürieren, tiefkühlen, nach 2 Stunden mit einer Gabel durchrühren, nach 1 Stunde wiederholen.

Ananas-Orangen-Bananen-Pop

Für 4–6 Stück

150 g Ananas
1 Orange
1 Banane

Eis-Pop-Förmchen

Zubereitungszeit
5 Minuten,
plus 4 Stunden Gefrieren

Das wohl einfachste Eis aller Zeiten. Alle Zutaten mixen, einfrieren und kurze Zeit später karibische Eiscreme genießen, die wohl kaum gesünder sein könnte.

Das Obst schälen und in grobe Stücke schneiden. Alle Zutaten in einem Mixer pürieren und die Eisförmchen damit befüllen. Mindestens 4 Stunden tiefkühlen.

Tipp

Gefrieren Sie diese Fruchtmischung doch auch mal in Eiswürfelformen. Für die Erwachsenen mit Prosecco und für die Kinder mit Mineralwasser aufgegossen, wird schnell ein erfrischender Drink daraus.

Schoko-Fudge-Pop

Für 4–6 Stück

30 g Zartbitterschokolade
200 ml Milch
1 EL Rohkakaopulver

Eis-Pop-Förmchen

Zubereitungszeit
15 Minuten,
plus 4 Stunden Gefrieren

Wer liebt kein Schokoladeneis? Eben.

Die Schokolade grob hacken. Alle Zutaten in einen Topf geben und bei schwacher Hitze erwärmen. Sobald die Schokolade geschmolzen ist, die Mischung in die Eisförmchen gießen und abkühlen lassen. Mindestens 4 Stunden tiefkühlen.

Tipp

Noch hübscher werden die Popsicles mit einer Hülle aus bunten Zuckerstreuseln – kurz vor dem Verzehr einfach hineindippen. Übrigens, das Eis schmilzt recht schnell, deshalb für Gäste am besten in einer Schale mit Eiswürfeln servieren.

Dattel-Karamell-Bites

Für 8 Stück

Für den Boden
100 g Walnusskerne
130 g Cashewkerne
1 EL Kokosöl
9 Medjool-Datteln
1 TL gemahlene Vanille

Für den Karamell
7 Medjool-Datteln (mindestens 3 Stunden in Wasser eingeweicht)
1 EL Ahornsirup
1 EL Mandelmus (s. S. 145)
1 EL Kokosöl

Zubereitungszeit
15 Minuten,
plus 3 Stunden Einweichen,
plus 1 Stunde Kühlen

Diese üppigen kleinen Bissen habe ich zum ersten Mal in einem Café gegessen. Sofort war klar, solche muss ich unbedingt auch zu Hause machen. Flugs alle Zutaten in die Maschine und fertig war eine gesunde Nascherei.

1

Für den Boden Walnüsse und Cashews in einer Pfanne ohne Fett leicht anrösten. Das Öl in einem kleinen Topf schmelzen.

2

Die gerösteten Nüsse in einen Mixer geben und etwas zerkleinern. Die Datteln entsteinen und mit der Vanille sowie 1 Prise Salz in den Mixer geben. So lange mixen, bis sich alle Zutaten zu einer klebrigen, zähen Masse verbunden haben. Die Masse in eine eckige Form geben und gleichmäßig verstreichen. Der Boden sollte etwa 1 cm hoch sein.

3

Für den Karamell die eingeweichten Datteln entsteinen und mit den restlichen Zutaten sowie ½ TL Salz im Mixer pürieren, bis eine glatte, cremige Masse entstanden ist. Auf dem Nussboden verteilen und glatt streichen. Die Form mindestens 1 Stunde in den Kühlschrank stellen.

4

In Quadrate schneiden oder mit Keksausstechern nach Belieben Formen ausstechen. Im Kühlschrank gelagert halten sich die Bites ein bis zwei Wochen.

Tipp

Die süßen kleinen Häppchen eignen sich wunderbar als Mitbringsel für Kindergeburtstage oder andere Partys. Verwendet man Sternformen, sind sie auch ein schneller Ersatz für weihnachtliche Süßigkeiten ganz ohne Backen.

Bratäpfel

Für 4 Stück

100 g Marzipanrohmasse
1 große Handvoll Walnusskerne, gehackt
½ TL gemahlener Zimt
4 Äpfel, Kerngehäuse ausgestochen
4 EL griechischer Joghurt / 4 EL Honig
4 TL Mandelmus (nach Belieben)

Zubereitungszeit
10 Minuten,
plus 30 Minuten Backen

Backofen auf 200 °C vorheizen. Marzipan, Walnüsse und Zimt vermengen, die Äpfel damit füllen. In eine Form setzen und 30 Minuten backen. Mit je 1 EL Joghurt, Honig und Mandelmus beträufeln.

Thymian-Nüsse

Für 400 g Nussmix

4 EL Honig
1 EL Muscovadozucker
3 Thymianzweige, Blätter abgezupft
je 100 g Macadamianüsse, Walnuss-, Cashew- und Sonnenblumenkerne

Zubereitungszeit
15 Minuten

Backofen auf 180 °C vorheizen. Honig, Zucker, Thymianblätter und ½ TL Salz mischen. Die Nüsse unterheben, auf einem Backblech verteilen und im Ofen 10 Minuten rösten, dabei immer wieder umrühren. Auskühlen lassen, nochmals durchrühren und in einem luftdichten Gefäß aufbewahren.

Schoko-Popcorn

Für 4 Portionen

2 EL Butter
8 EL Popcorn-Maiskörner
60 g Zartbitterschokolade

Zubereitungszeit
10 Minuten

Die Butter in einem großen Topf bei mittlerer Hitze zerlassen. Die Maiskörner dazugeben, den Deckel auflegen und warten, bis die Körner anfangen zu poppen. Wenn das Geräusch nachlässt, das Popcorn auf Backpapier verteilen. Die Schokolade schmelzen und das Popcorn damit beträufeln. Gut auskühlen lassen.

Bananen-Waffeln

Für 4–5 Stück

150 g Mehl / 30 g Haferflocken
1 TL Backpulver / 2 reife Bananen, zerquetscht
2 Eier / 100 ml Milch
½ TL gemahlener Zimt / Fett (nach Bedarf)
Bananen, Erdnussbutter, Walnusskerne und Honig zum Servieren

Zubereitungszeit
20 Minuten

Mehl, Haferflocken und Backpulver vermengen. Bananen, Eier, Milch und Zimt verrühren, unter die Mehlmischung heben. Im gefetteten Waffeleisen 2–3 Minuten ausbacken. Waffeln mit Bananen, Erdnussbutter, Walnüssen und Honig garnieren.

Basics & Getränke

Nussmus, Pflanzenmilch, Smoothies, Shakes und Co. – diese Rezepte geben Power und machen vor allem Spaß.

Cashew-Vanille-Mus

Für 1 Glas (300 g)

300 g Cashewkerne
Mark von ½ Vanilleschote
1 EL Ahornsirup

Zubereitungszeit
35 Minuten

Backofen auf 160 °C (Umluft) vorheizen. Die Cashews auf einem mit Backpapier ausgelegten Backblech verteilen und im Ofen etwa 20 Minuten rösten. Alle Zutaten in einen leistungsstarken Mixer geben und 15 Minuten mixen.

Haselnuss-Schoko-Mus

Für 1 Glas (300 g)

300 g Haselnüsse
2 EL Rohkakaopulver
2 EL Ahornsirup

Zubereitungszeit
25 Minuten

Backofen auf 160 °C (Umluft) vorheizen. Die Haselnüsse auf einem mit Backpapier ausgelegten Backblech verteilen und im Ofen etwa 15 Minuten rösten. Alle Zutaten in einen leistungsstarken Mixer geben und 10 Minuten mixen.

Mandelmus

Für 1 Glas (300 g)

300 g blanchierte Mandeln

Zubereitungszeit
25 Minuten

Backofen auf 160 °C (Umluft) vorheizen. Die Mandeln auf einem mit Backpapier ausgelegten Backblech verteilen und im Ofen etwa 10 Minuten rösten. Die Mandeln in einen leistungsstarken Mixer geben und 15 Minuten mixen.

Erdnussbutter

Für 1 Glas (300 g)

300 g ungesalzene Erdnüsse
1 Prise Salz
1 EL Honig (nach Belieben)

Zubereitungszeit
20 Minuten

Backofen auf 160 °C (Umluft) vorheizen. Die Erdnüsse auf einem mit Backpapier ausgelegten Backblech verteilen und im Ofen etwa 10 Minuten rösten. Alle Zutaten in einen leistungsstarken Mixer geben und 10 Minuten mixen.

Pflaumen-Chia-Marmelade

Für 1 Glas (400 g)

6 Pflaumen
1 Nektarine
1 EL Ahornsirup
1 Prise gemahlener Zimt
½ TL gemahlene Vanille
2 EL Chiasamen

Zubereitungszeit
15 Minuten,
plus 4 Stunden Quellen

Zum Marmeladekochen steht man stundenlang in der Küche, um Obst zu putzen und in großen Töpfen zu rühren? Von wegen! Diese Marmelade ist in weniger als 30 Minuten gemacht und dann heißt es nur noch abwarten und genießen.

1

Pflaumen und Nektarine waschen, halbieren und entsteinen. Das Fruchtfleisch anschließend in kleine Stücke schneiden.

2

Das Obst mit 1 EL Wasser, Ahornsirup, Zimt und Vanille in einen Topf geben und bei schwacher Hitze etwa 10 Minuten köcheln lassen.

3

Nach Belieben das Obst mit einem Stabmixer fein pürieren. Die Chiasamen dazugeben, alles gut verrühren und in das Glas abfüllen. Mindestens 4 Stunden stehen lassen. Im Kühlschrank aufbewahrt, hält sich die Marmelade etwa zehn Tage. Auf Brot oder im Joghurt genießen.

Tipp

Auch als Füllung für Pancake-Röllchen oder für die Pancake-Stapeltorte (s. S. 35) ist die Marmelade der Knaller.

Mandelmilch

Für etwa 1 Liter

200 g blanchierte Mandeln
1 EL Ahornsirup
1 TL gemahlener Zimt

Zubereitungszeit
10 Minuten,
plus 8 Stunden Einweichen

Die Mandeln in einer Schüssel mit so viel Wasser begießen, dass sie gerade bedeckt sind. Mindestens 8 Stunden quellen lassen. Abgießen und mit Ahornsirup, Zimt und 1 l Wasser 2–3 Minuten mixen. Durch ein Mulltuch gießen; das Tuch gut ausdrücken.

Cashewmilch

Für etwa 1 Liter

200 g Cashewkerne
Mark von 1 Vanilleschote
1 EL Agavendicksaft

Zubereitungszeit
10 Minuten,
plus 8 Stunden Einweichen

Die Cashews in einer Schüssel mit so viel Wasser begießen, dass sie gerade bedeckt sind. Mindestens 8 Stunden quellen lassen. Abgießen und mit Vanillemark, Agavendicksaft und 1 l Wasser 2–3 Minuten mixen. Durch ein Mulltuch gießen; das Tuch gut ausdrücken.

Paranussmilch

Für etwa 1 Liter

200 g Paranüsse
1–2 EL Ahornsirup

Zubereitungszeit
10 Minuten,
plus 8 Stunden Einweichen

Die Paranüsse in einer Schüssel mit so viel Wasser begießen, dass sie gerade bedeckt sind. Mindestens 8 Stunden quellen lassen. Abgießen und mit Ahornsirup und 1 l Wasser 2–3 Minuten mixen. Durch ein Mulltuch gießen; das Tuch gut ausdrücken.

Hafermilch

Für etwa 1 Liter

100 g Haferflocken

Zubereitungszeit
10 Minuten

Die Haferflocken mit 1 Prise Salz und 1 l Wasser in einen Mixer geben und 2–3 Minuten mixen. Die Flüssigkeit durch ein Mulltuch in ein Gefäß abgießen; das Tuch zum Schluss gut mit den Händen ausdrücken.

Himbeer-Vanille-Shake

Für 2 kleine Gläser

300 ml Milch
(Kuh- oder Pflanzenmilch, s. S. 148/149)
2 Kugeln Vanilleeis
150 g Himbeeren (TK)

Zubereitungszeit
5 Minuten

Alle Zutaten in einen Mixer geben und pürieren, bis ein cremiger Shake entstanden ist.

Banane-Erdnussbutter-Shake

Für 2 kleine Gläser

2 Bananen
200 ml Milch
(Kuh- oder Pflanzenmilch, s. S. 148/149)
2 EL Erdnussbutter
1 EL Schokodrops

Zubereitungszeit
5 Minuten,
plus Tiefkühlen über Nacht

Am Vortag die Bananen schälen, in Stücke brechen und tiefkühlen. Dann alle Zutaten in einen Mixer geben und pürieren, bis ein cremiger Shake entstanden ist.

Keks-Vanille-Shake

Für 2 kleine Gläser

200 ml Milch
(Kuh- oder Pflanzenmilch, s.S. 148/149)
2 Kugeln Vanilleeis
5 Oreo-Kekse

Zubereitungszeit
5 Minuten

Alle Zutaten in einen Mixer geben und pürieren, bis ein cremiger Shake entstanden ist.

Paranuss-Schoko-Shake

Für 2 kleine Gläser

200 ml Paranussmilch (s.S. 149)
1 Banane
5 Paranüsse
1 entsteinte Dattel
1 EL Rohkakaopulver

Zubereitungszeit
5 Minuten

Alle Zutaten in einen Mixer geben und pürieren, bis ein cremiger Shake entstanden ist.

Blaubeer-Banane-Smoothie

Für 2 kleine Gläser

1 Banane
200 ml Milch (Kuh- oder Pflanzenmilch, s.S. 148/149)
100 g Blaubeeren
1 EL Haferflocken / 1 EL Hanfsamen

Zubereitungszeit
5 Minuten,
plus Tiefkühlen über Nacht

Am Vortag die Banane schälen, in Stücke brechen und tiefkühlen. Dann alle Zutaten in einen Mixer geben und pürieren, bis ein cremiger Smoothie entstanden ist.

Spinat-Gojibeere-Smoothie

Für 2 kleine Gläser

1 Banane
200 ml Milch (Kuh- oder Pflanzenmilch, s.S. 148/149)
2 große Handvoll Babyspinat
1 EL getrocknete Gojibeeren / 1 TL Macapulver
1 EL Honig oder Agavensirup (nach Belieben)

Zubereitungszeit
5 Minuten,
plus Tiefkühlen über Nacht

Am Vortag die Banane schälen, in Stücke brechen und tiefkühlen. Dann alle Zutaten in einen Mixer geben und pürieren, bis ein cremiger Smoothie entstanden ist.

Nektarine-Hirse-Smoothie

Für 2 kleine Gläser

1 Banane / 2 Nektarinen
200 ml Milch (Kuh- oder Pflanzenmilch, s. S. 148/149)
2 EL Joghurt / 1 EL Honig
2 EL Hirseflocken

Zubereitungszeit
5 Minuten

Die Banane schälen. Die Nektarinen waschen, entsteinen und in Stücke schneiden. Dann alle Zutaten in einen Mixer geben und pürieren, bis ein cremiger Smoothie entstanden ist.

Ananas-Kokos-Minze-Smoothie

Für 2 kleine Gläser

1 Banane
½ Ananas
200 ml Kokosdrink
15 Minzeblätter

Zubereitungszeit
5 Minuten

Banane und Ananas schälen und in grobe Stücke schneiden. Dann alle Zutaten in einen Mixer geben und pürieren, bis ein cremiger Smoothie entstanden ist.

Zitronen-Honig-Limo

Für 1 Krug (500 ml)

2 Zitronen
5 EL Honig
500 ml Mineralwasser

Bio-Zitronenscheiben, frische Minze (nach Belieben)

Zubereitungszeit
10 Minuten

Sauer macht lustig und ein bisschen Kichern hat noch keinem geschadet.

Die Zitronen auspressen, den Saft leicht erwärmen. Den Honig dazugeben und rühren, bis er sich vollständig aufgelöst hat. Den Saft abkühlen lassen, in einen Krug füllen und mit Mineralwasser aufgießen. In Gläser füllen, nach Belieben mit Zitronenscheiben und Minze verzieren.

Tipp

Für eine winterliche Variante kann die Limo auch erwärmt werden. Wer möchte, gibt noch etwas frischen Ingwer dazu. Wärmt von innen und stärkt die Abwehrkräfte.

Mango-Ananas-Limo

Für 1 Krug (1 l)

½ Mango
170 g Ananas
1 EL Muscovadozucker
1 l Mineralwasser

Zubereitungszeit
10 Minuten

Eine karibische Limo, die süß und fruchtig zugleich ist.

Mango und Ananas schälen, in Stücke schneiden und mit 2 EL Wasser und dem Zucker 3 Minuten leicht einköcheln lassen, dann pürieren. Abkühlen lassen, in einen Krug füllen und mit dem Mineralwasser aufgießen.

Tipp

Für ein tropisches Eis am Stiel einen Esslöffel Kokosraspel unter die Fruchtmasse rühren und in Eis-Pop-Förmchen abfüllen. Mindestens 4 Stunden tiefkühlen.

Himbeer-Erdbeer-Limo

Für 1 Krug (500 ml)

100 g Erdbeeren
100 g Himbeeren
1 EL Kokosblütenzucker
500 ml Mineralwasser

Zubereitungszeit
10 Minuten

Diese pinke Limo sieht nicht nur hübsch aus, sondern schmeckt auch herrlich nach Sommer.

Erdbeeren und Himbeeren mit 2 EL Wasser und den Zucker 3 Minuten leicht einköcheln lassen, dann pürieren. Abkühlen lassen, in einen Krug füllen und mit dem Mineralwasser aufgießen.

Tipp

Die Fruchtbasis kann auch ganz einfach in Eiswürfelförmchen abgefüllt werden und ist so ein Hingucker in sommerlichen Getränken oder Bowle.

Blaubeer-Vanille-Limo

Für 1 Krug (500 ml)

100 g Blaubeeren (TK oder frisch)
1 Päckchen Vanillezucker
(oder 8 g selbst gemachter, s. S. 126)
500 ml Mineralwasser

Zubereitungszeit
10 Minuten

Der feine Vanillegeschmack in dieser fruchtigen Blaubeerlimonade macht sie zu etwas ganz Besonderem.

Die Blaubeeren mit 2 EL Wasser und dem Zucker 3 Minuten leicht einköcheln lassen, dann pürieren. Abkühlen lassen, in einen Krug füllen und mit dem Mineralwasser aufgießen.

Tipp

Reste des Blaubeersirups mit einer gefrorenen Banane und etwas Joghurt pürieren – fertig ist eine Smoothie Bowl zum Frühstück. Mit Kakaonibs und Nüssen getoppt wird's richtig nahrhaft.

ÜBER DIE AUTORIN

Neben einem ausgeprägten Interesse an Design, Mode und Architektur treiben Julia Radtke zwei große Leidenschaften an: die Fotografie und das Kochen. Beides verbindet sie auf ihrem Blog *tiny-spoon.com*, auf dem sie regelmäßig neue Rezepte veröffentlicht, die sich für die ganze Familie eignen.

DANKSAGUNG

Ich danke meiner ganzen Familie und meinen Freunden für eure offenen Ohren, eure motivierenden Worte, eure Tipps und Ratschläge, für eure Verkostungen, Kritiken und euer Lob. Ich bin dankbar für so viele tolle Menschen in meinem Leben, die mich immer unterstützen und an mich glauben. Und ein ganz besonderer Dank gilt meinem Sohn Flynn – denn ohne Flynn kein Tiny Spoon und ohne Tiny Spoon kein Buch.

DK | Penguin Random House

Rezepte und Fotografie
Julia Radtke

Weitere Fotos
Thilo Stracke (Cover, S. 7, S. 9, S. 10),
Ailine Liefeld (S. 2, S. 4 oben, (S. 2,
S. 4 oben, S. 15, S. 40, S. 116)

Illustrationen
123RF.com: Iveta Aleksandrova
Angelova (Vor- und Nachsatz, S. 17, 117);
viktory (S. 97, 143);
Shutterstock: Curly Pat (S. 41)

Konzeptionelle und textliche Mitarbeit, Lektorat
Julia Bauer

Cover- und Innengestaltung, Typographie, Realisation
Studio Rio, München

Für den DK Verlag:
Programmleitung
Monika Schlitzer
Redaktionsleitung
Caren Hummel
Projektbetreuung
Sarah Fischer
Herstellungsleitung
Dorothee Whittaker
Herstellungskoordination
Katharina Schäfer
Herstellung
Sabine Hüttenkofer, Verena Marquart

ISBN 978-3-8310-3233-4

Repro
Farbsatz, Neuried/München

Druck und Bindung
Firmengruppe Appl,
aprinta Druck GmbH, Wemding

FSC www.fsc.org
MIX
Papier aus verantwortungsvollen Quellen
FSC® C004592

Besuchen Sie uns im Internet
www.dorlingkindersley.de

Hinweis
Die Informationen und Ratschläge in diesem Buch sind von der Autorin und vom Verlag sorgfältig erwogen und geprüft, dennoch kann eine Garantie nicht übernommen werden.
Eine Haftung der Autorin bzw. des Verlags und seiner Beauftragten für Personen-, Sach- und Vermögensschäden ist ausgeschlossen.